El coaching

François Caby

Prólogo de Daniel Cohen
Presidente de Mediator International

EL COACHING

dve PUBLISHING

Colección dirigida por Vincent Allard.

Traducción de Nieves Nueno Cobas.

Fotografía de la cubierta de © François-Xavier Seren/Alpha Omega.

© Editorial De Vecchi, S. A. 2018
© [2018] Confidential Concepts International Ltd., Ireland
Subsidiary company of Confidential Concepts Inc, USA
ISBN: 978-1-68325-801-8

Índice

■ ■ ■

Prólogo

■ ■ ■

Esta obra llega a punto para despojar al coaching de los oropeles que algunos medios de comunicación le ponen periódicamente, sacarlo de la etiqueta de fenómeno de moda que se le intenta asignar, dada la multiplicidad e hibridez de las prácticas, que a menudo dan preferencia al aspecto del desarrollo personal o al de la eficacia profesional. Sin ninguna pretensión de exhaustividad y evitando fijar una práctica en busca de definición, esta obra cede la palabra a los profesionales sobre su concepción de la profesión.

Soy consciente de que la calidad y fuerza de la palabra dependen de la calidad y del modo de escuchar del interlocutor, por lo que quisiera rendir homenaje a François Caby, que, después de trazar un esbozo claro y enérgico a propósito de algunas escuelas de pensamiento que han cumplido una función evidente en el desarrollo de la práctica del coaching, ha sabido escribir un texto sobre el coach potente y original.

Negándose a jugar al gurú que entrega su verdad como si fuese la Verdad, adopta la postura de quien permite a los demás dar origen a su propia verdad. Es sabido que el cuestionamiento y la escucha «como apoyo» del coach son una herramienta fundamental del alumbramiento por parte del otro de su verdad y de la energía de su deseo. En este sentido, para realizar esta obra, François Caby ha sabido plenamente obrar como coach.

En *El coaching* supera los discursos monolíticos de ciertos autores sobre el tema —«la buena concepción del coaching»—, para abrirse a la diversidad y captar la multiplicidad de concepciones y prácticas de un enfoque que unos pocos pioneros veníamos desarrollando en la empresa desde finales de los ochenta, pese al escepticismo general.

El resultado es una palabra variada, a menudo guiada por el mismo hilo conductor: el alumno, el coachee, constituye el centro del proceso de coaching, se le considera con el potencial de recursos propios para resolver los problemas y las situaciones de cambio a los que se enfrenta diariamente en su profesión.

La función del coach consiste en facilitarle el acceso a esos recursos y en acompañarle en el aprendizaje de las nuevas formas de funcionamiento, que deben permitirle poner en práctica los cambios escogidos. Las «herramientas» están ahí para contribuir a ello, a condición de utilizarlas bien. El espacio que se les dedica en esta obra permite apreciar la diversidad y complementariedad de las mismas, sin aspirar a una exhaustividad que no tendría ningún sentido.

H. Ross Perot, fundador de Electronic Data Systems, afirma que «no se puede gestionar a las personas. Se pueden gestionar las existencias, pero a las personas hay que dirigirlas».

Si su punto de vista tiene sentido, el periodo que vivimos requiere, no obstante, un complemento. En efecto, hoy en día me parece más correcto decir que debe dirigirse a las personas hacia el descubrimiento y la plena utilización de sus recursos interiores, así como hacia la movilización diaria de su potencial de liderazgo. Estoy hablando de liderazgo en sus comportamientos, de liderazgo en sus relaciones con los demás y las organizaciones, de liderazgo en su relación con los clientes y los cambios que es necesario realizar y, por último, de liderazgo en el marco de su entorno personal y social.

Esta es la filosofía del coaching: generar liderazgo, es decir, crear las condiciones para que cada uno genere su capacidad de liderazgo, sobre su vida y sobre su entorno. Se trata de la capacidad para ver la oportunidad detrás del obstáculo y concentrarse en la transformación de esa oportunidad en éxito. Esta modalidad de liderazgo requiere una coherencia entre cabeza y corazón, una armonización de los pensamientos y las acciones con las emociones.

En esta diversidad de palabras recogidas por el autor emerge la idea de que este «centrado interior» pasa a menudo, para el coachee, por un replanteamiento de sus prejuicios, de sus procesos mentales, de sus comportamientos y de sus creencias, así como por una apertura más completa a sus emociones.

El coaching aborda también la cuestión fundamental de las cualidades y el perfil del coach, que debe interrogarse sin cesar sobre su práctica y poner al día las razones de su acción.

Por otra parte, dado que el futuro parece cada vez menos previsible, el coach debe poder ayudar a su cliente a dejar de pensar en el porvenir con los ojos del pasado y acompañarle en la construcción del presente y las etapas intermedias hacia un futuro escogido, a partir de la visión que se dé, y no de los obstáculos que a menudo ha levantado él mismo.

Esta obra nos invita así a interrogarnos sobre este nuevo enfoque del asesoramiento y las exigencias. El coaching se basa en la convicción de que la importación de soluciones externas alejadas de la sabiduría interna de la empresa y de cada cual responde cada vez menos a la evolución del entorno y de las expectativas individuales y sociales.

Es este el periodo de transición que atravesamos y son estas las nuevas formas de prepararnos para él, a través de un proceso de coaching que François Caby ha querido y sabido captar en este libro, en sus movimientos y su diversidad. Su obra pone de relieve la unidad intrínseca que existe entre eficacia profesional y desarrollo personal, entre rendimiento económico y transformación interior.

Tras este enfoque del coach, presentimos con claridad que precisamente porque una empresa da poder a las personas sobre su vida, estas últimas dan prueba de un aumento de la creatividad, el sentimiento de compartir, la responsabilidad y la iniciativa.

El coaching se dirige a todos aquellos que quieren establecer una diferencia en la vida de los demás y las organizaciones. Sin duda alimentará de forma activa la reflexión de los que desean «pasar del sentido al acto».

DANIEL COHEN
Presidente de Mediator International

Viaje al país
del coaching...

■ ■ ■

¡Seguramente es una de las formas de abordar este libro! Desde ese punto de vista, el viaje se presenta como un conjunto estructurado, aunque no debe confundirse con un viaje organizado.

Aunque el índice señala un camino propuesto en tres partes, el lector podrá, según sus intereses, optar por saltar de una a otra. Por otra parte, a menudo le invitarán a ello las notas a pie de página. El viajero descubrirá esa tierra, desconocida o casi para algunos, misteriosa e intrigante para otros, a través de enfoques diversos.

En la primera parte, el coaching se le presentará bajo múltiples definiciones, en su perspectiva histórica o a través de un cuestionario[1] para la resolución de problemas. Elección del coach, formación del coach y organismos profesionales completan el cuadro.

La segunda parte agrupa las miradas y palabras de coachs, empresas y coachees. Este conjunto único de testimonios permite a cada cual entrar al mismo nivel en la realidad de los protagonistas del coaching. Quien lo desee hallará materia para enriquecer su propia visión.

1. El Q (¿qué?), Q (¿quién?), D (¿dónde?), C (¿cuándo?), C (¿cómo?), P (¿por qué?). Véase el capítulo «El coaching en todos sus estados».

La tercera parte está dedicada a las herramientas. Quien conozca la abundancia de las mismas imaginará fácilmente que no podrá ser exhaustiva. La información que reúne revestirá mayor interés cuando el viajero sea principiante, mientras que, para otros, será una simple evocación. Para facilitar su accesibilidad, cada herramienta se describe a través de apartados idénticos: origen, definición, objeto, modalidades de empleo, aplicación al coaching y observaciones. Por último, hay una bibliografía «Para saber más».

¡Buen viaje!

PRIMERA PARTE

¿Qué es el coaching?

Definir el coaching

■ ■ ■

En los últimos años, la prensa, al acecho de la novedad, ha dedicado numerosos artículos al coaching. ¿Permite la diversidad de artículos hacerse una idea precisa del tema? Cabe dudarlo si examinamos cada uno de los extractos que siguen.

Al contrario, su visión caleidoscópica nos presenta un contorno vago del coaching que conviene precisar.

> Y si el señor jefe de departamento está demasiado «agobiado» no pasa nada, la empresa lo remodela.
> A eso se le llama coaching...
> Emmanuel Berretta, *Le Point*, 3 de octubre de 1998

■ ■ ■

> Esta puesta en forma psicológica constituye uno de los principales atractivos del coaching, que no es en ningún caso una terapia; su objetivo es ayudar al individuo a mejorar la calidad de su trabajo en un plazo determinado y relativamente corto.
> *Entreprises & Carrières*, 23-31 de mayo de 1999

■ ■ ■

La clave del coaching es la capacidad para crear una relación intensa con alguien con el fin concreto de progresar en la vida profesional.
Bernard Alvin (coach), citado en *Guide de l'emploi*, 31 de mayo de 1999

▨ ▨ ▨

... De ahí el desarrollo de los cursos de coaching, acompañamiento personalizado de los directivos.
L'Expansion, del 27 de mayo al 9 de junio de 1999

▨ ▨ ▨

¿En qué consiste el coaching?
Es una de las aplicaciones concretas del psicoanálisis en la empresa. Se dirige de forma prioritaria a los directivos, que van a intentar superar sus inhibiciones para ganar eficacia con la ayuda de un analista.
Preguntas-respuestas, *Le Monde Économie*, 6 de julio de 1999

▨ ▨ ▨

Como un tenista profesional o un piloto de F1, se dota al directivo de un coach, en general un asesor exterior, que le ayuda a mejorar su rendimiento y a trabajar su mente.
Capital, julio de 1999

▨ ▨ ▨

Pero la técnica que hace furor desde hace varios años es el coaching. Se ha importado de Estados Unidos y consiste en hacerse acompañar para «optimizar» mejor el itinerario profesional.
Enjeux, septiembre de 1999

▨ ▨ ▨

¿Qué es exactamente el coaching? En lugar de dar una respuesta teórica inexacta o parcial, nos limitaremos a decir en qué suele consistir: es una serie de entrevistas individuales entre una persona (sometida a coaching) que consulta a un tercero exterior (el coach) para tratar un problema profesional relacionado con la personalidad del primero.
François Delivré (coach), *La Jaune et la Rouge*, octubre de 1999

▨ ▨ ▨

Coaching es una palabra que no tiene verdadera definición.
«Absurdo», alega Cathy Joy, coach en Interaction Associates de San Francisco. «Es un proceso bien definido. El coach tiene la función de ayudar a las personas a definir unos objetivos claros en un marco temporal determinado». Esos objetivos se refieren tanto al cumplimiento

de un proyecto profesional como a la resolución de un problema más personal.
«Coaching: diez ideas falsas», *Management*, octubre de 1999

■ ■ ■

A partir de una definición simple del coaching, que podría ser «facilitar la *interface* entre el saber hacer y el saber estar del coachee», cabe identificar dos tipos de pregunta...
Roland Brunner, «Psychanalyste et coach», *Cahiers ENSPTT*, octubre de 1999

■ ■ ■

Como en el ámbito deportivo, el coaching tiene ambiciones elevadas: se fija como misión transformar a los directivos en atletas de alto nivel en sus prácticas reactivando sus facultades de juicio e invención, permitiéndoles elevar el nivel de rendimiento colectivo de los equipos que están a su cargo.
Annie Battle, a propósito de dos libros sobre coaching, *Les Échos*, 2 de noviembre de 1999

■ ■ ■

El coaching consiste en ayudar a un individuo o un grupo a integrarse en el marco de un objetivo empresarial.
Sylvie de Frémicourt[2] (coach de Altedia), *Courrier Cadres*, 19 de noviembre de 1999

■ ■ ■

El coaching, procedente de Estados Unidos, donde el término *coach* significa, en su origen, «entrenador deportivo», sustituye en el universo profesional a los antiguos cursos de gestión, caídos en desuso.
L'Entreprise en solo, noviembre-diciembre de 1999

■ ■ ■

El coaching proviene de Estados Unidos, de una cultura pragmática de la empresa. Con demasiada frecuencia sabemos lo que ya no queremos pero aún no lo que queremos. El coach está ahí para ayudarnos a concretar nuestros proyectos, a dar dinamismo a nuestra vida.
Cosmopolitan, diciembre de 1999

■ ■ ■

2. Véase su testimonio en el capítulo «Hablan los coachs», pág. 90.

Un coach es precisamente un «facilitador de la adaptabilidad».
A la pregunta «¿Qué cambios cabe prever gracias al coaching?», responde: todos los cambios comportamentales, tanto en la vida profesional como privada.
Éric Albert, psiquiatra, fundador del IFAS (Institut Français de l'Anxiété et du Stress), *Psychologies*, marzo de 2000

Más lejos de nosotros, remontándonos a la fuente, consultamos la página web de The International Coach Federation (www.coachfederation.org):

El coaching es una nueva profesión. Los coachs:
— ayudan a la gente a fijar mejor sus objetivos y a alcanzarlos por sí mismos;
— piden a sus clientes que hagan más de lo que habrían hecho por sí mismos;
— focalizan mejor a sus clientes para que consigan resultados más deprisa;
— proporcionan las herramientas, el soporte y la estructura para hacer más.

Veamos las definiciones proporcionadas por dos organismos profesionales:[3]
— Société Française de Coaching (Sociedad Francesa de Coaching, SF Coach): «El coaching es el acompañamiento de personas o de equipos para el desarrollo de sus potenciales y de su habilidad en el marco de objetivos profesionales»;
— Syntec Conseils en Évolution Professionnelle: «Coaching: acompañamiento de un directivo, o de un equipo, que favorece la optimización de sus cualidades humanas para mejorar el ejercicio de sus responsabilidades en su empresa».
Aunque cada uno de estos textos contiene su parte de verdad, un análisis más detallado nos muestra claramente que una definición lapidaria del coaching sería reductora y totalmente parcial. En ello, la semántica general,[4] para la cual «el mapa no es el territorio», halla una ilustración.
Para abordar el territorio del coaching, comencemos definiendo sus fronteras.

---

3. Véase «Organismos profesionales» en el capítulo «La formación del coach», pág. 63.
4. Véase el capítulo «Los orígenes del coaching», pág. 25.

Coaching y otros términos acabados en -*ing*

Es sabido que los estadounidenses son muy aficionados a los términos acabados en -*ing* para construir sus neologismos: *outsourcing*, *benchmarking* o *brainstorming*... designan acciones que nadie confundirá con el coaching.

En cambio, cuatro términos acabados en -*ing* cubren en Estados Unidos actividades de asistencia a un cliente, todas distintas del coaching, que se llaman *consulting*, *counselling*, *mentoring* y *monitoring*.

Sin tratar de traducirlas, presentamos su significado:

— el *consulting* designa los servicios prestados por un experto para mejorar un proceso organizativo en un campo determinado (por ejemplo, gestión del personal, planificación estratégica, informática...). El objetivo es aumentar el rendimiento del sistema afectado y no la eficacia personal de un individuo;

— el *counselling* se refiere a la relación de un cliente con un terapeuta con un fin curativo o de resolución de problemas. Para restaurar el bienestar de la persona, la acción de este último se dirige a dificultades que hallan su origen en su pasado;

— el *mentoring* hace referencia a Mentor, el amigo a quien Ulises, al abandonar Ítaca, confió la gestión de sus bienes y la educación de Telémaco, su hijo. Remite a una relación de desarrollo profesional entre dos personas, a menudo en el seno de la misma empresa. Se traduce en un traspaso de experiencia y competencia. Su equivalente en español es la tutoría;

— el *monitoring* se aproxima al *mentoring* y al coaching. Apela a un asesor cuya misión es desarrollar las competencias de un colaborador, y se traduce en particular en una aportación técnica y profesional.

Los orígenes del coaching

■ ■ ■

Sobre este tema, resulta clásico invocar a Sócrates y reclamar una filiación deportiva. Por legítimas que sean estas dos fuentes, tal como veremos, sería injusto omitir las teorías, conceptos o modelos que han marcado el siglo XX en el ámbito del conocimiento y la psicología. Su influencia se deja sentir en concreto en el coaching cotidiano.

Sócrates y la mayéutica

Hijo de un escultor, Sofronisco, y de una comadrona, Fenareta, Sócrates nació en Atenas hacia el 470 a. de C. y murió en el 399 a. de C. Era el siglo V, el siglo de Pericles, el gran siglo de los griegos. Al parecer, Sócrates era muy feo[5] y estaba casado con Xantipa, mujer desabrida con la que tuvo tres hijos.

Curiosamente, el filósofo, que marcó de forma duradera la historia de la filosofía, no escribió nada. Lo que se nos ha transmitido lo debemos a dos de sus discípulos, Jenofonte (ca. 430-355 a. de C.) y, sobre

5. «La naturaleza fue injusta con él» (Montaigne).

todo, Platón (ca. 428-348 a. de C.). Nos lo presentan sencillamente vestido, deambulando descalzo, discutiendo y bromeando con quienes encuentra, ¡afirmando que lo único que sabe es que no sabe nada...!

Es «el tábano que, durante todo el día, nunca deja de despertaros, de aconsejaros y de reprenderos a cada uno de vosotros».

La mayéutica (literalmente: «arte de alumbrar») es el tema de un diálogo entre Sócrates y Teeteto en el *Teeteto* de Platón:

> SÓCRATES: ¡Bien, inocente joven!, ¿no has oído que soy hijo de una animosa y venerable comadrona, Fenareta?
>
> TEETETO: Sí lo he oído.
>
> SÓCRATES: ¿Has oído también que ejerzo el mismo arte?
>
> TEETETO: En absoluto.
>
> SÓCRATES: ¡Pues bien!, entérate, pero no vayas a denunciarme a los demás. Ignoran, camarada, que poseo ese arte, y por esa razón no dicen nada cuando hablan de mí. Al contrario, dicen que soy un extravagante y que pongo en un aprieto a la gente. ¿También has oído eso?
>
> TEETETO: Sí.
>
> SÓCRATES: ¿Te digo la causa?
>
> TEETETO: Sí, dila. [...]
>
> SÓCRATES: Mi arte de alumbrar comprende pues todas las funciones que cumplen las comadronas, pero difiere del suyo en que asiste a hombres y no a mujeres y en que provoca el parto en sus almas y no en sus cuerpos. [...]
>
> Por otra parte, tengo en común con las comadronas que soy estéril en materia de sabiduría, y el reproche que me han hecho a menudo de interrogar a los demás sin declararme sobre nada, porque no tengo en mí sabiduría alguna, es un reproche que no carece de verdad. [...]
>
> Por ello, no soy nada sabio yo mismo ni puedo presentar ningún hallazgo de sabiduría al que mi alma haya dado vida. Pero todos aquellos que se apegan a mí, aunque algunos de ellos parezcan al principio completamente ignorantes, hacen maravillosos progresos durante su comercio conmigo [...], no sólo para su juicio, sino para el de los demás. Y resulta claro como el día que nunca han aprendido nada de mí, y que ellos mismos han hallado en sí y dado a luz muchas cosas bellas.

En el *Menón*, Sócrates pone en práctica su arte de la interrogación. Desconcertando a su interlocutor, le lleva a tomar conciencia de su ignorancia y despierta en él una fecunda inquietud. Enfrentado a sí mismo, el interlocutor aprende a conocerse.[6]

6. «Conócete a ti mismo», inscrito en el frontón del templo de Apolo en Delfos.

La cuna del coaching

En los años setenta, Timothy Gallwey era profesor de literatura inglesa en la universidad de Harvard, además de capitán del equipo de tenis. Tomó conciencia de la importancia de la mente en este deporte:[7] «Siempre hay una parte interna que juega en tu mente, sin que importe la parte exterior que juegas. El grado de conciencia que tienes de este juego puede representar la diferencia entre el éxito y el fracaso en la parte exterior».

Ello se tradujo en un replanteamiento de la enseñanza del tenis y en la publicación, en 1975, de *The Inner Game of Tennis*, presentado como un enfoque revolucionario que permitía superar la duda personal, el nerviosismo y las pérdidas de concentración que pueden impedir ganar al jugador.

Sobre el mismo tema, esta obra fue seguida, en 1977, por *Inner Skiing*, escrito con Robert Kriegel, y luego, en 1979, por *The Inner Game of Golf*, sólo de Timothy Gallwey, cuya tirada superó el millón de ejemplares.

Del deporte al mundo de la empresa, sólo quedaba dar un paso para liberar a cada cual del «enemigo que está en nosotros». Timothy Gallwey[8] y muchos otros lo dieron; esta nueva forma de enseñanza destinada en su origen a los entrenadores del mundo deportivo (coachs) se convirtió en el coaching...

Conceptos, teorías o modelos del siglo XX

Antes de abordar este tema, rindamos homenaje a Sigmund Freud. Su vida y su obra, en particular *La interpretación de los sueños*, publicada en noviembre de 1899, son una referencia para todos aquellos que, tras sus huellas u oponiéndose a él, han explorado ese nuevo continente que él bautizó como «inconsciente».

Como vamos a ver, esencialmente en Estados Unidos aparecieron, en el siglo XX, los conceptos, teorías o modelos en los que se basa el proceso del coaching, aunque sus autores suelen ser europeos llegados a Estados Unidos en plena madurez.

7. La importancia de la mente en un deporte, sea cual sea, se ha hecho evidente. Aunque en los años setenta esta noción flotaba en el ambiente (véase más adelante), Timothy Gallwey fue uno de los primeros en tenerla en cuenta y en proponer una nueva vía para progresar en la práctica de un deporte.

8. Timothy Gallwey creó su empresa, The Inner Game. Publicó, en 1999, *The Inner Game of Work* (http://www.theinnergame.com).

La noción de sistema y el enfoque sistémico

Después de la segunda guerra mundial se desarrolló esta disciplina, que se basa en la cibernética (Norbert Wiener, 1948), y la teoría general de los sistemas (Ludwig von Bertalanffy, 1954).

Un sistema[9] es un conjunto de elementos, abstractos o concretos, interrelacionados. Se abre a un entorno del que es separado por una frontera que establece el límite entre el interior y el exterior. Un sistema transforma unos datos —también denominados entradas o *input*— en resultados —salidas u *output*.

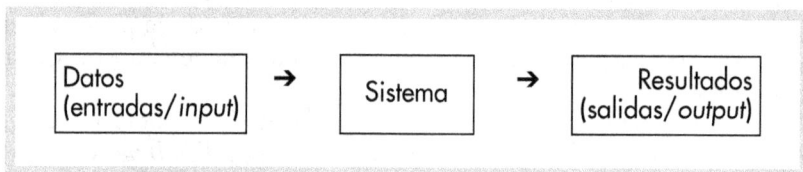

Datos (entradas/ *input*)	→	Sistema	→	Resultados (salidas/ *output*)

A la cibernética de Wiener le debemos la noción de bucle de retroacción o feedback.

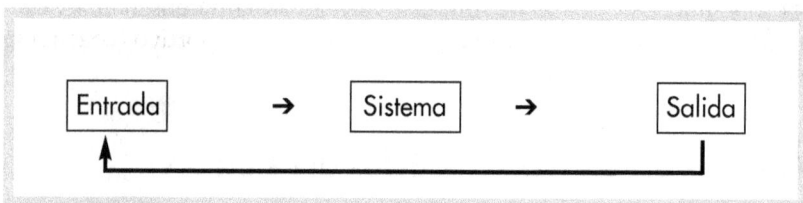

La retroacción remite a la entrada del sistema información sobre los resultados:

— es positiva cuando el retorno de información contribuye a aumentar la transformación en el mismo sentido. El sistema evoluciona hacia cero (por ejemplo: quiebra de una empresa) o hacia el infinito (por ejemplo: explosión atómica, efecto Larsen[10]) y, en cualquiera de los casos, hacia su propia destrucción;

— es negativa cuando el retorno de información actúa en sentido contrario al de la transformación. El sistema en este caso oscila en torno a una posición de equilibrio (por ejemplo: regulación de la glucemia).

9. Joël de Rosnay, *Le Macroscope*, Collection Points, Éditions du Seuil, París, 1975.
10. El efecto Larsen corresponde a la inyección de la señal de salida de un amplificador en un micrófono de entrada.

El enfoque sistémico, como subraya Joël de Rosnay en *Le Macroscope*, «es una nueva metodología que permite reunir y organizar los conocimientos con vistas a una mayor eficacia de la acción».

Dicho enfoque halla su aplicación en múltiples campos, y la segunda parte del libro hace frecuentes referencias al mismo.

La semántica general

La inclinación que sentía Alfred Korzybski por las geometrías no euclidianas y cuatridimensionales, las implicaciones de la teoría de la relatividad de Einstein, son el origen del replanteamiento del sistema aristotélico que se basa en las premisas:
— de identidad: todo lo que es, es;
— de contradicción: nada puede a la vez ser y no ser;
— del tercero excluido: todo debe o bien ser o bien no ser.

Estas premisas tienen como consecuencias:
— la confusión de la palabra con la cosa que representa. Magritte la ilustró en un cuadro que representa una pipa, al que tituló *Esto no es una pipa*;
— la falsedad de la formulación sujeto-predicado (como, por ejemplo, *Esta manzana* —sujeto— *es verde* —predicado—), ya que se desea introducir una relación asimétrica: antes, después, más que, menos que, etc.;
— la posibilidad de dividir de forma verbal lo que no podemos dividir de manera experimental: espacio-tiempo-materia, cuerpo-alma, etc.

En su lugar, las premisas de aquello que constituye la semántica general se enuncian así:
— un mapa no es el territorio que representa (no identidad);
— un mapa no cubre todo el territorio (no totalidad);
— un mapa es autorreflexivo (autorreflexividad del lenguaje).

En su reflexión, A. Korzybski clasificó además a los seres vivos a partir de su posibilidad de uso de la energía, del espacio y del tiempo:
— *energy-binding*, capacidad de usar la energía;
— *space-binding*, capacidad de usar el espacio;
— *time binding*, capacidad de usar el tiempo.

Resulta que las plantas pertenecen a la primera categoría, los animales, a la segunda y el hombre, a la tercera, ya que es el único que puede partir del punto en el que se detuvo la generación anterior.

Los siguientes extractos de *Manhood of Humanity* ilustran las relaciones del pensamiento de Korzybski con el coaching:

Nadie está tan loco como la imagen compuesta que nos ofrecería un manual de psiquiatría, y nadie tan sano como la que daría un tratado de salud, incluyendo al autor.

Mi análisis ha demostrado que los acontecimientos del mundo en el exterior de nuestra piel y también las reacciones psicológicas del organismo en el interior de nuestra piel, como las que llamamos sentimientos, pensamientos, emociones, amor, odio, felicidad, tristeza, cólera, miedo, dolor, placer, etc., se producen únicamente en los niveles no verbales o lo que yo llamo los niveles silenciosos. Nuestro discurso se sitúa en los niveles verbales y podemos hablar «a propósito de» pero no [permaneciendo] «en» esos niveles silenciosos e indecibles.

Hay una enorme diferencia entre pensar con palabras y contemplar, interiormente silenciosos, en los niveles no verbales, y buscar a continuación la estructura correcta del lenguaje que corresponde a la estructura hipotéticamente descubierta de los procesos silenciosos, que investiga la ciencia moderna. Si pensamos verbalmente, actuamos como observadores parciales y proyectamos en los niveles silenciosos la estructura del lenguaje que utilizamos; permanecemos así prisioneros de la rutina de nuestras antiguas orientaciones, haciendo prácticamente imposible unas observaciones imparciales y precisas, así como un trabajo creativo.

La escuela de Palo Alto

Palo Alto es una pequeña ciudad del gran extrarradio de San Francisco, cercana a la universidad de Stanford y al hospital psiquiátrico de la Veterans Administration, donde Gregory Bateson trabajó desde 1949.

Don Jackson, psiquiatra y psicoanalista, se incorporó a su equipo en 1954, antes de crear en Palo Alto, en 1959, el Mental Research Institute (MRI), al que Paul Watzlawick llegaría tres años más tarde. En 1967, se abrió una clínica psicoterapéutica no residencial, el Brief Therapy Center, en el MRI. Milton Erickson fue también una de las grandes figuras de la escuela de Palo Alto. Los trabajos del MRI son mundialmente conocidos hoy en día, en particular gracias a las obras de Paul Watzlawick. Su influencia en el coaching es indudable; recordamos brevemente su naturaleza.

La doble obligación (*double bind* en inglés)

Formulada por primera vez en el año 1956 por Gregory Bateson en un artículo titulado «Hacia una teoría de la esquizofrenia» y discutida como tal, la doble obligación hace explícitos ciertos aspectos paradójicos, aunque frecuentes, de la comunicación. Por ejemplo, quien te dice «Sé natural» te coloca en una situación de doble obligación: cuanto más trates de obedecer esta exhortación, menos natural serás...

Cambios y aprendizajes[11]

G. Bateson distingue dos tipos de cambios y cuatro niveles de aprendizaje distintos:
— en los cambios de tipo 1, el sistema conserva su equilibrio; sólo se modifican ciertos elementos del mismo;
— en los cambios de tipo 2, es el propio sistema el que se modifica o es modificado.
Los aprendizajes de nivel 0, 1 y 2 son relativos a los cambios de tipo 1:
— en el nivel 0, el mismo estímulo provoca la misma respuesta: frente a una fuente de calor, retirar la mano;
— el nivel 1 caracteriza el condicionamiento. El perro de Pavlov es una ilustración del mismo: segrega saliva al ver un alimento, al mismo tiempo que suena un timbre; más tarde, salivará al simple timbrazo;
— el nivel 2 está en relación con la generalización que autoriza la transposición de un contexto en otro. Un aprendizaje de nivel 2 nos permite conducir cualquier vehículo tras aprender con un modelo de coche determinado.
A los cambios de tipo 2 les corresponde el aprendizaje de nivel 3, el cual es el resultado de una reinterpretación de la realidad que permite actuar de otro modo. Mientras que los aprendizajes anteriores eran fruto del esfuerzo y la voluntad, este es espontáneo, involuntario e intuitivo.
El ejemplo del sueño ilustra este enfoque del cambio:
— soñamos que nos encontramos cara a cara con un monstruo. Para escapar de él le volvemos la espalda y emprendemos la huida. El monstruo nos persigue, corremos cada vez más... Todo ocurre en un cambio de tipo 1;
— despertamos, el monstruo ha desaparecido por completo. El cambio es de tipo 2; el estado de vigilia es un sistema diferente del estado de sueño.

11. Françoise Kourilsky-Belliard, *Du désir au plaisir de changer*, Dunod, París, 2000.

La terapia breve

Es el resultado de un replanteamiento fundamental de la noción de causalidad: «Hay que decir que todos los enfoques psicoterapéuticos tradicionales, aunque pueden oponerse y ser contradictorios entre sí, tienen en común esta concepción de la causalidad, que es en realidad un dogma: de forma lineal y unidireccional, las causas del pasado influyen en el presente. Para nosotros eso no es esencial, lo que nos interesa es el aquí y el ahora».[12]

Basándose en el enfoque sistémico, el MRI desarrolló una concepción circular de la causalidad (bucle de retroacción-mecanismo de feedback). Tuvo como objetivo «comprender cómo se mantienen unos bucles de causalidad y producen efectos que son repetitivos y redundantes».

Esto es lo propio de situaciones problemáticas en las que cuanto más cambia la cosa, más es lo mismo, ¡para las que se ha probado todo...!

Para el MRI, se trata de cambiar estos bucles, lo que constituye el principal objeto de las terapias breves limitadas a una decena de sesiones.

Para producir este cambio de tipo 2, el MRI pone en práctica un proceso en cuatro tiempos: [13]

1. Definir y delimitar claramente el problema en términos concretos.

2. Examinar las soluciones ya probadas.

3. Definir claramente el cambio al que se quiere llegar.

4. Formular y poner en práctica un proyecto para poder efectuar este cambio.

El libro citado en referencia en este apartado ilustra mediante diversos ejemplos los métodos utilizados para efectuar este cambio satisfactoriamente: reajuste, paradoja y prescripciones comportamentales diversas.

Dos herramientas básicas

Aunque la tercera parte de este libro agrupa las herramientas del coaching, les hemos reservado un lugar aparte y más destacado a dos de

---

12. Extracto de una conferencia pronunciada en octubre de 1995 por Paul Watzlawick sobre el tema de la construcción de realidades interpersonales.

13. P. Watzlawick, J. Weakland y R. Fisch, *Changements, paradoxes et psychothérapie*, Points, París, 1981.

ellas por su importancia en el coaching: el análisis transaccional y la programación neurolingüística (PNL). En efecto, son citadas con mayor frecuencia que otras como experiencia de formación por los coachs y, lo que es más, algunas herramientas que figuran en la tercera parte tienen filiación con una u otra.

El análisis transaccional (AT, o TA en inglés)

Éric Lennard Bernstein, hijo de un médico y de una periodista y escritora, nació en Montreal en 1910. Emprendió estudios de medicina y se especializó en psiquiatría. Tras establecerse en Estados Unidos, obtuvo la nacionalidad estadounidense y tomó el nombre de Eric Berne. A los treinta y un años, inició su formación de psicoanalista, que prosiguió durante quince años, y que fue interrumpida por la guerra y reanudada al final de esta.

Observando los comportamientos y escuchando atenta y pacientemente a todos los hombres,[14] edificó de forma progresiva un nuevo y revolucionario enfoque de la psicología, que bautizó como «análisis transaccional».

En 1957, su primera obra, *Psiquiatría y psicoanálisis al alcance de todos*, incluía un capítulo que trataba del análisis transaccional, tema que ya había abordado anteriormente en 1954 en su seminario de psiquiatría social.

Habrá que esperar a 1961 para la publicación de *Análisis transaccional y psicoterapia*, en el que Eric Berne expone su método. A continuación, publicó un periódico, el *Transactional Analysis Bulletin*. Tres años más tarde, nació la International Transactional Analysis Association (ITAA),[15] que se desarrolló rápidamente. Eric Berne falleció en 1970 de un infarto.

El concepto de los «estados del yo», que constituye el núcleo del análisis transaccional, es un modelo de la personalidad definido por Eric Berne (véase el siguiente esquema). Para él, el yo consta de tres estados.[16]

---

14. Al parecer, un día, uno de sus pacientes le preguntó: «¿A quién se dirige su pregunta, doctor? ¿Al niño o al adulto que hay en mí?». Eric Berne, iluminado, accedió así a los «estados del yo», piedra angular del AT.

15. La European Association of Transactional Analysis (EATA) se creó en 1976. En España existen diversas asociaciones, la más importante de las cuales es la Asociación Española de Análisis Transaccional (AESPAT).

16. Freud distinguía el ello, el yo y el superyo, otras representaciones no superponibles a los estados del yo del AT.

PADRE — el Padre representa la herencia de todo lo que nos viene de personas que representan a la autoridad: padres por supuesto, pero también profesores, jefes...

ADULTO — el *Adulto* (este término no se refiere a la edad de la persona) equivale a un ordenador que hubiese en nosotros. Trabaja con la información que recoge del exterior y del interior (del Padre o del Hijo).

NIÑO — el Niño es el primer estado del yo que aparece; es el resultado del registro de lo que vivimos entonces: sensaciones, placeres, miedos, sufrimientos... Se expresa también en el presente en el ámbito de lo sentido.

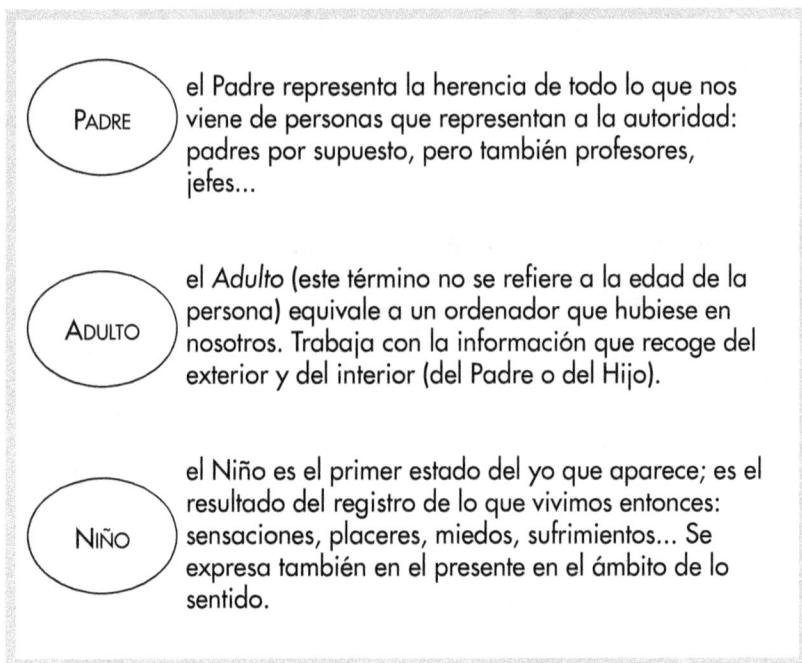

Los estados Padre y Niño revisten varias formas tales como Padre Normativo, Padre Benévolo, Niño Adaptado (rebelde o sumiso), Niño Libre (espontáneo, creativo), etc.

La noción de transacción aparece cuando dos personas tienen intercambios entre sus estados del yo. Si, por ejemplo, a la pregunta «¿Qué hora es?»,[17] responde:

— «Podría comprarse un reloj...»: su Padre;
— «Son las tres de la tarde»: su Adulto;
— «¿Qué más le da?»: su Niño.

En el primer caso y en el último, su interlocutor puede no quedar satisfecho, la transacción queda tergiversada...

La noción de posiciones de vida es también una de las bases del análisis transaccional; este modelo hace explícitas las relaciones que cada uno de nosotros puede tener con los demás, según las representaciones que tenemos de nosotros y de los demás.

En la relación entre yo y el otro, puedo percibirme de forma positiva («Yo estoy bien») o no («Yo no estoy bien»). Puedo percibirle a usted

---

17. La pregunta emana del Adulto de su interlocutor y se dirige a su Adulto.

positivamente («Usted está bien») o no («Usted no está bien»). El cuadro siguiente ilustra las cuatro posiciones de vida que resultan.

Yo estoy bien – Usted está bien	Yo estoy bien – Usted no está bien
Me acepto y le acepto	Me sobrevaloro y le infravaloro
Yo no estoy bien – Usted está bien	Yo no estoy bien – Usted no está bien
Me infravaloro y le sobrevaloro	Me infravaloro y le infravaloro

La profundización de las modalidades de relación con otros es el origen de conceptos tales como los chantajes, los juegos psicológicos,[18] el argumento de vida...

Estos conceptos de sentido común, expresados en lenguaje sencillo, son una de las fuerzas del análisis transaccional para comprenderse y entender a los demás, apreciar las dificultades de comunicación y mejorarla.

La programación neurolingüística (PNL, o NLP en inglés)

El encuentro de Richard Bandler y John Grinder[19] es, en 1972, el origen de la PNL. El primero es matemático e informático, el segundo, lingüista, y ambos son doctores en psicología. De este encuentro nace la decisión de profundizar juntos en las vías de la excelencia de la comunicación y elaborar un modelo eficaz. Para ello estudiaron a maestros comunicadores interesándose principalmente por el «cómo» y no por el «porqué».

Entre ellos,[20] estudiaron particularmente a Milton Erickson para modelar su trabajo, hasta el punto de dedicarle tres libros. Su proceso en tres fases —observación, ensayo y perfeccionamiento de un modelo de síntesis— se concretó en múltiples herramientas, técnicas y procedimientos de trabajo pragmáticos.

---

18. Eric Berne, *Des jeux et des hommes*, Stock, París, 1967.
19. John Grinder (1940) era profesor de la universidad de Santa Cruz cuando Richard Bandler (1949) le pidió que supervisase su tesis de doctorado.
20. Virginia Satir (terapias familiares), Fritz Perl (terapia gestalt)...

Este edificio se basa en postulados como:
— el mapa no es el territorio.[21] Para nosotros, nuestra visión del mundo es el mapa a partir del cual actuamos. Cuantas más carreteras veamos, más opciones posibles tendremos;
— cada uno de nosotros posee o puede adquirir los recursos que necesita. Todo consiste en saber hallar en el momento adecuado el recurso necesario para activarlo. La capacidad de aprender es un recurso básico para enriquecer nuestro mapa;
— el sentido de la comunicación es proporcionado por la respuesta que se le da.

Es responsabilidad del emisor emitir el mensaje que producirá el efecto esperado. Correlativamente, este postulado hace hincapié en la importancia del feedback para aprender cómo mejorar y hacer más eficaz la comunicación.

Según las expectativas y los objetivos de cada cual, la PNL originará:
— una mejor comunicación con los demás y con uno mismo;
— un cambio a veces espectacular, fuente de un nuevo equilibrio;
— un aprendizaje educativo para utilizar con mayor eficacia el cerebro;[22]
— una transformación terapéutica del comportamiento que se acompaña de un mayor bienestar personal.

Aunque la PNL y el AT tienen orígenes distintos (la primera más comportamentalista y el segundo psicoanalítico), les une una visión positiva de la humanidad y la de la unicidad de la persona. El pragmatismo que los caracteriza está vinculado para la PNL con el modelo edificado a partir de la observación de los mejores psicoterapeutas, mientras que para el AT se trata de un modelo teórico validado por casos clínicos.

21. Como para la semántica general.
22. Definición dada por Richard Bandler.

El coaching
en todos sus estados

■ ■ ■

Para progresar en el descubrimiento del coaching, está a nuestra disposición el QQDCCP, herramienta del proceso de resolución de problemas: tiene como fin delimitar mejor un problema[23] buscando la información que se relaciona con el mismo. Comprende seis preguntas a través de las cuales se pasa revista sistemáticamente a todos los aspectos de dicho problema: ¿qué? (Q), ¿quién? (Q), ¿dónde? (D), ¿cuándo? (C), ¿cómo? (C) y ¿por qué? (P).

¿Qué?

¿Puede precisarse el vago contorno[24] del coaching, a riesgo de llegar a una visión reductora e incluso sectaria («Es esto y nada más...»), excluyente de enfoques tan respetables como fructíferos? O, al contrario,

---

23. El término *problema* aplicado al coaching debe entenderse en el sentido más común: cuestión que se trata de aclarar (*Diccionario de la lengua española* de la Real Academia Española).
24. Véase el capítulo «Definir el coaching», pág. 19.

¿podemos conformarnos con un marco general, dejando a lo que sigue la labor de describir el cuadro?

Le proponemos tomar este último camino teniendo en cuenta que el coaching es un proceso relacional que, bajo ciertas condiciones específicas, permite a un sistema evolucionar de un estado inicial A a un estado siguiente B, tal que B se considere más satisfactorio que A.

Las condiciones específicas anteriormente mencionadas permiten, cuando se hacen explícitas, diferenciar el coaching de la formación o del asesoramiento, de la terapia y de la tutoría (véase «Coaching y otros términos acabados en *-ing*»)...

¿Quién?

Pasemos revista a los protagonistas del coaching y a su interacción.

El coach es el personaje central de la partida que va a jugarse. Querer obtener de él un retrato robot sería una empresa tan tonta como vana. Por otra parte, basta leer los testimonios[25] que figuran en la segunda parte del libro para apreciar la diversidad de personalidades encontradas. No obstante, es posible subrayar lo que parece caracterizar al coach, sabiendo que será solamente un coach virtual.

El coach, ¿psicólogo o no? Se trata para muchos de una pregunta fundamental. Es forzoso comprobar que las dos especies se encuentran entre los coachs reconocidos como buenos profesionales. La necesidad de una apertura psicológica en el no psicólogo responde a la necesidad de un conocimiento del mundo de la empresa por parte del coach psicólogo. Más importante parece ser la existencia para ambos de un proceso de desarrollo personal (probablemente cualquiera) ya realizado y, en general, proseguido.

Entonces, ¿psicólogo o no? La pregunta adquiere mayor importancia para el coachee si está en posición de elegir: tendrá que recordar que va a entrar en un proceso relacional para el cual el «Porque era él, porque era yo»[26] adquiere todo su sentido. De la misma forma y en menor grado, cuando el cliente es la empresa, la relación entre esta y el coach también puede ser sensible a esta pregunta.

Las herramientas del coach constituyen asimismo una materia en la que pensar. ¿Qué pensar, por ejemplo, del coach que se presenta como celoso usuario de una sola herramienta o de aquel que extiende orgu-

25. Véase el capítulo «Hablan los coachs», pág. 71.
26. Montaigne habla así de su relación con Boecia: «Si me empujan a decir por qué la amaba, siento que sólo puede expresarse respondiendo: "Porque era él, porque era yo"» (*Ensayos*, I, 27).

llosamente un amplio arsenal? Del primero, que en un momento u otro puede volverse dogmático, encerrado como está en su vía única. En cuanto al segundo, ¿está tan poco seguro de sí mismo que se parapeta tras una muralla de demasiadas herramientas?

El buen artesano —y algunos coachs se consideran, con razón, como tales— sabe utilizar la buena herramienta en el momento oportuno. ¿Saber escoger, entre las herramientas que domina con comodidad, la que le parece más adecuada para la situación y la personalidad del coachee sería para el coach una de las claves del éxito de su misión?

La tercera parte del libro presenta brevemente una selección de las herramientas más utilizadas.

Definir un límite de edad mínimo parece poco realista: ¿por qué una edad y no otra, cuando lo importante es la calidad de lo que el coach ha obtenido de sus experiencias tanto profesionales como personales? No obstante, teniendo en cuenta esto, está claro que es necesario haber vivido. Por esta razón, el coach está casi siempre en su madurez, ¡cabe desear que rica y fecunda!

¿Debe haber seguido el coach una formación específica[27] para el coaching? Son muchos hoy en día los Jourdain del coaching que asocian un proceso de desarrollo personal profundo con una formación avanzada para el uso de distintas herramientas, y ejercen esta profesión con resultados comprobados. A medida que pase el tiempo, cada vez serán más los coachs que hayan recibido una formación específica, garantía de una mejor profesionalización.

Otro punto clave es la importancia de la relación en el proceso de coaching: es fácil deducir que el coach debe ser buen comunicador. Ello se traducirá en el ejercicio de competencias o cualidades como la escucha activa, la empatía, una gran capacidad de reformulación y el dominio de las técnicas de cuestionamiento, así como la aptitud para situarse en posición meta (véase el glosario).

El psicólogo le pedirá que sepa manejar transferencia y contratransferencia, que evite estar en el disfrute y la ilusión de que es él quien aporta bien, que renuncie a tener un proyecto acerca del cliente...

Tanto SF Coach como Syntec Conseils en Évolution Professionnelle[28] designan a la empresa como cliente. Por anónima que sea, tiene a sus representantes, que son protagonistas y parte beneficiaria del coaching.[29]

27. Véase el capítulo «La formación del coach», pág. 49.

28. Véase «Organismos profesionales» en el capítulo «La formación del coach», pág. 63.

29. Por supuesto, algunos coachings tienen como únicos actores a un coach y un coachee (véase a continuación).

Aunque el coaching está en pleno auge, como atestiguan los medios de comunicación —a riesgo de convertirlo en una moda—, y aumenta el número de coachs o pseudocoachs, lo cierto es que numerosas empresas aún no han recurrido a él.[30]

Cabe pensar que ciertas modalidades de gestión son más abiertas y favorables al coaching por naturaleza. La teoría de Hersey y Blanchard[31] acerca de las modalidades de gestión ilumina sobre este punto. Esquemáticamente, la respuesta a dos preguntas básicas permite determinar cuatro modalidades de gestión:
— el actor o los actores de la empresa ¿resultan competentes[32] o no?;
— ¿motivados o no?

A la combinación formada por las respuestas le corresponden cuatro niveles de autonomía creciente:
— A1 no competente-no motivado;
— A2 no competente-motivado;
— A3 competente-no motivado;
— A4 competente-motivado.

Cada uno de estos niveles se asocia a una modalidad de gestión adecuada:
— gestión directiva para A1: consignas estrictas, planificación, control, poca escucha, poca consideración por las personas;
— gestión persuasiva para A2: mucho tiempo pasado explicando las acciones, subrayando los proyectos y ventajas compartidos;
— gestión participativa para A3: escucha y negociación, ayuda a la resolución de los problemas, riesgo de demagogia;
— gestión delegativa para A4: dota de sentido, define las misiones, iniciación al dinamismo y la creatividad, poca intervención y más feedback.

Este modelo, aunque muy simplificado, deja entrever para qué tipo de empresa resulta más adecuado el coaching, uno de cuyos beneficios consiste en el desarrollo de la autonomía del coachee.

La opción que parece más prometedora es hacer del coaching una herramienta estratégica al servicio de la evolución de la gestión de la empresa. Desde este punto de vista, está claro que la ejemplaridad del directivo, y luego de su comité de dirección, adquiere todo su sentido, acompañada de una comunicación interna que haga explícita la política de la empresa.

30. Véase el capítulo «Las empresas hablan del coaching», pág. 121.
31. Peter Hersey y Kenneth Blanchard desarrollaron en Estados Unidos, a comienzos de los años ochenta, un enfoque de la gestión denominado gestión situacional.
32. La competencia se toma en su sentido anglosajón de aptitud comprobada y concreta.

Si no es esta la vía escogida, el responsable de la implantación del coaching en la empresa tiene todo el interés, tanto para esta como para él mismo, en asentar esta implantación mediante éxitos iniciales y una comunicación positiva. Así pues, evitará hacer del coaching, como por desgracia ocurre a veces, la herramienta empleada como último recurso, cuando se ha intentado todo frente a unos colaboradores perdidos ante sus problemas internos. Para ello, es necesario que él mismo esté convencido de su legitimidad, hasta el punto de hacer la prueba él mismo, en lugar de considerar, aunque sea implícitamente, que «es bueno para los demás».

El número de coachs seleccionados dependerá del tamaño de la empresa y de sus usos en materia de prestatarios de servicios. La lista en base a la cual efectuará la selección puede estar constituida a partir de fuentes diversas tales como guías telefónicas, información con iguales en otras empresas, artículos de prensa, preguntas a empresas de servicios conocidas que operen en los sectores de selección de personal, el outplacement o el asesoramiento, e incluso a través de internet...

La propia selección será objeto de una entrevista en profundidad acerca de:
— el itinerario profesional: experiencia adquirida, enseñanzas obtenidas;
— la elección del coaching: los cursos realizados, el proceso de desarrollo personal;
— el ejercicio de la profesión: metodología, herramientas, casos concretos (éxitos y fracasos), deontología, supervisión;
— las características del contrato, las modalidades de intervención y su coste.

El seleccionador tratará de hacer abstracción de su coeficiente personal y tendrá presente que, dado que las personas que van a someterse al coaching no son clones, sería acertado escoger una paleta de personalidades.

Por último, en la relación con un gran consultorio, no parece deseable limitarse a una sola entrevista con el directivo, sino tratar también con los propios coachs.

El coachee, también protagonista, debe serlo, aunque a veces se perciba o sea considerado una víctima. Por otra parte, ¿cómo puede llegar a una conclusión diferente aquel a quien se dice «Esto no funciona, así que concierte una cita con fulanito de tal que es coach...»?, sobre todo si sólo tiene una vaga idea de lo que es el coaching y de lo que podría obtener de él.

Así, los coachs encuentran a veces ejecutivos cuyo discurso es «Mi jefe me envía a verle...». Verdugo, víctima y salvador, todo está en su si-

41

tio para la trampa del triángulo dramático, ¡cada uno de los actores debe evitar caer en ella!

Para ello, el futuro coachee deberá buscar información sobre el coaching, más seria cuanto más incoherente sea el mensaje que haya recibido por parte de la empresa. Le interesará hacerlo para percibir lo que podría aportarle este proceso, ya que el coaching, para tener éxito, requiere la adhesión voluntaria del coachee. Cuando tenga una primera idea, podrá reunirse con uno o, mejor, varios coachs, para tomar su decisión.[33]

Una vez tomada, se jugará ante todo entre el coach y él una partida en la que su adhesión y su acción serán fundamentales (véase más adelante «¿Cómo?»).

¿Dónde?

En su concisión, este «¿Dónde?» puede hacerse explícito de dos maneras:
— ¿puede o no el coach ser un asalariado de la empresa?
— ¿en qué lugar se desarrolla la misión?

El ejemplo de la firma IBM[34] ilustra la posibilidad de confiar el coaching a un asalariado de la empresa, opción que también han escogido otras. Por supuesto, esta decisión corresponde a grandes empresas por una simple razón de amortización del coach o los coachs internos.

Cabe añadir que la calidad de su formación es tan primordial como la del coach externo, y que hay que evitar convertirlo en la vía muerta de ejecutivos envejecidos bajo el arnés o de reconversión de pseudoasistentes sociales, o mejor abstenerse de bautizar esto como coaching...

Dicho esto, ¿cuáles pueden ser las ventajas y los inconvenientes del coach interno? El conocimiento de la cultura de la empresa es una ventaja adicional, siempre que el coach conserve una capacidad de distanciamiento y evite ser prisionero de una cultura que se impone demasiado. El interés financiero reforzado por la mayor disponibilidad del coach inclina asimismo la balanza del lado positivo, mientras que el riesgo de manipulación más o menos consciente por parte de la jerarquía es elevado.

33. Véase «La elección del coach», pág. 47.
34. Véase en el capítulo «Hablan los coachs» el testimonio de Antoine Costes, coach interno de IBM France, pág. 111.

Para aliviar el peso del vínculo jerárquico, parece conveniente que el coach se sitúe al nivel más alto posible. También es fundamental que se asegure la confidencialidad de la relación entre coach y colaboradores, como garantía de una confianza que se establecerá con el tiempo. Como para el coach externo, resulta necesaria una supervisión real.

El ejemplo de IBM sugiere que el coaching interno se adapta de forma más particular a las situaciones y al team building. Probablemente la empresa no se ahorre por completo el coaching externo, aunque sólo sea para el uso de ejecutivos de nivel muy alto.

Observemos, por último, que cuando la empresa atraviesa crisis serias o se halla enfrentada con profundos cambios, el ejercicio del coaching interno se vuelve cada vez más peligroso...

¿En qué lugar debe desarrollarse la misión cuando se confía a un coach externo? Sin hacer de ello una regla absoluta, al parecer existe un consenso para recomendar la utilización de un lugar neutro, fuera de la empresa.

Esta decisión que saca al coachee de su contexto físico favorece el distanciamiento y una mayor sensación de libertad. Por otra parte, dado que las paredes oyen, tiene la ventaja de garantizar esta confidencialidad primordial para el éxito del coaching.

¿Cuándo?

«Antes de que sea demasiado tarde...». Esta respuesta en forma de chiste es, si bien se piensa, de una gran exactitud. Merece ser ilustrada mediante esta lista de situaciones de la vida para las que sería apropiado el coaching:
— para ejercer nuevas responsabilidades debido a un cambio de cargo, e incluso como apoyo de una contratación;
— para definir un proyecto de evolución profesional;
— para analizar un 360°,[35] elaborar y aplicar un plan de acción;
— para resolver una dificultad de relación;
— para tomar y poner en práctica una decisión importante;
— para preparar una entrevista o una reunión, para las cuales la eficacia de la comunicación es esencial...

Cada lector puede completar esta lista y, aunque esta se limite en conjunto a la esfera profesional, no hay que deducir que el coaching debe restringirse a ello.

35. Véase la tercera parte del libro, «Herramientas», pág. 141.

¿Cómo?

Esta es una amplia pregunta. El coaching lo es todo, salvo un proceso normalizado, y resulta aún menos definible porque, como sabemos, hay interacción en el aire... En cambio, frente a esta pregunta, resulta posible identificar unos puntos clave, etapas importantes a las que vamos a pasar revista.

La noción de contrato

Prudencia elemental, el coaching debe ser objeto de un contrato entre las partes, disposición recomendada tanto por SF Coach como por Syntec Conseils en Évolution Professionnelle.[36] Cuando el cliente es una empresa, el contrato puede revestir una doble forma: un contrato comercial entre empresa y coach, acompañado de un contrato moral entre coach y coachee.

El contrato con la empresa define las características de la misión:
— los objetivos, enunciados de la forma más clara y realista posible;
— la duración, que puede expresarse como un crédito de horas global o concretar en cuántos meses se desarrollará el coaching, con qué periodicidad y en qué lugar...;
— se mencionará de forma explícita el carácter confidencial de la misión. Si está previsto un informe, como suele ocurrir, el contrato deberá especificar el acuerdo necesario del coachee, así como la naturaleza de aquel que se encargue de dicho informe —coachee, coach en presencia o no del coachee—, oralmente o por escrito;
— una cláusula definirá las causas de la rescisión del contrato o interrupción de la misión;
— los datos económicos: coste y forma de pago.

Entre coach y coachee, el contrato moral[37] puede ser verbal o escrito, eventualmente más concreto en la definición de los objetivos y resultados esperados, e incluso introducir la medida de estos últimos.

Algunos coachs añaden el concepto de contrato de sesión: al comienzo de cada una de ellas, se establece un objetivo de mutuo acuerdo. Al final de esta, el coachee elabora un plan de acción para la intersesión. Este proceso de paso a paso tiene ventajas, y además deja la posibilidad de realizar ajustes en el transcurso de la misión.

36. Véase «Organismos profesionales» en el capítulo «La formación del coach», pág. 63.
37. Si el coachee es asimismo el cliente, será quien firme el contrato comercial.

El proceso

El coaching puede descomponerse en varias etapas que, al ser examinadas, responden a una lógica bastante evidente. Dicho esto, son el equivalente del esqueleto, falta todo lo demás, ¡carne y espíritu!

La escuela anglosajona[38] las reúne en el acrónimo[39] *grow*, que significa «crecer, avanzar»:

Goal: definición del objetivo, del proyecto.

Reality: consideración de la realidad, análisis de la situación.

Options: estudio de las opciones, las ideas y los caminos posibles.

Work/willingness: a la vez lo que hay que hacer y poner en práctica, y la voluntad para llevar a cabo el plan de acción.

Para SF Coach[40] el proceso que aspira a facilitar la toma de conciencia de los recursos y su movilización pasa siempre por cuatro fases:

— diagnóstico;

— análisis;

— elaboración de argumentos;

— organización de la puesta en práctica.

Acuerdo del coachee

Es una condición previa imprescindible para la puesta en práctica del coaching. ¿Son siempre plenamente conscientes de ello los clientes y los eventuales beneficiarios?

Confidencialidad y deontología

Tanto si el coach es interno como externo, la confidencialidad de la relación coach-coachee es necesaria. La certeza de ciertos clientes para los que quien manda es quien paga puede constituir una amenaza para su total respeto... Además de este imperativo de confidencialidad, la deontología insiste en el necesario respeto de la persona del coachee, así como en el recurso necesario a la supervisión para el coach.

---

38. John Whitmore, *Le Guide du Coaching*, Maxima, París, 2001. Véase en el capítulo «Hablan los coachs» el testimonio de Antoine Costes (IBM), pág. 111.

39. El diccionario define el acrónimo como un tipo de sigla que se pronuncia como una palabra. Así, radar es el acrónimo de Radio Detecting And Ranging (detección y telemetría por radioelectricidad).

40. Véase «Organismos profesionales» en el capítulo «La formación del coach», pág. 63.

Coaching y terapia

Hay consenso entre los coachs: el coaching no es una terapia. Los fines definidos en el contrato son otros. Si el alumno tiene una necesidad manifiesta de terapia, en general se la sugerirá el coach.

Además, algunos señalan que «la terapia tiende a volverse hacia el pasado e interesarse por el porqué, mientras que el coaching se orienta hacia el futuro y se preocupa del cómo».

No obstante, ¿es así de sencilla la realidad?
— Numerosos coachs han ejercido o ejercen aún una actividad de terapeuta;
— los métodos y herramientas usados suelen tener su origen en los enfoques terapéuticos;
— los cambios comportamentales que acompañan a ciertas misiones de coaching, ¿son tan diferentes de los que genera una terapia?
Es cierto que la noción de normalidad está lejos de ser binaria...

Coaching y formación

Si en su esencia el coaching no es asimilable a un clásico proceso de formación, de traspaso de conocimientos, se instala la duda frente a los beneficios que obtiene el coachee en materia de saber estar. ¿Justifica ello la asimilación que hacen algunos consultorios de coaching de una acción de formación? ¿O se trata de un simple juego de manos para justificar su imputación a un presupuesto de formación?

¿Por qué?

Como ya hemos visto, la postura del coach hunde sus raíces casi en la noche de los tiempos, ¡gracias a Sócrates! Recordemos, asimismo, el origen deportivo del propio término y de su contenido.[41]

El «Porqué» se refiere a las razones de la aplicación y difusión del coaching en el mundo de la empresa.[42] Es evidente que esta evolución del coaching revela múltiples causas, entre ellas:
— la progresiva desaparición del enfoque tayloriano y la reducción de la despersonalización que lo acompañaba;

41. Véase el capítulo «Los orígenes del coaching», pág. 25.
42. Véase en el capítulo «Hablan los coachs» el testimonio de Daniel Cohen, pág. 114.

— la propagación de estilos de gestión más participativos;
— el aumento del nivel general de instrucción;
— la búsqueda de excelencia frente a un entorno mundializado, cada vez más competitivo y en permanente cambio;
— la difusión de los procesos de calidad, que confirma la búsqueda de excelencia;
— la necesidad de distanciarse, de salir de la soledad, de reducir el estrés;
— la posibilidad de expresar unas emociones hasta ahora cuidadosamente ocultas...

La elección del coach

Elegir al coach es distinto de seleccionar a un coach.[43]

En el primer caso, es el futuro coachee quien se ve directamente afectado, mientras que en el segundo el proceso de selección es competencia en general de un responsable de recursos humanos que lo efectúa por cuenta de la empresa para la que trabaja. Es cierto que se enfrenta a un riesgo si, en la experiencia, su selección resulta poco satisfactoria, el de una apreciación negativa de su superior jerárquico. En cambio, para un coachee, las consecuencias de una mala elección pueden ser mucho más perjudiciales. Hay que recordar que uno de los resultados del coaching es el desarrollo de la autonomía. Si la empresa nos propone el coaching, escoger nosotros mismos nuestro coach es, salvo casos muy particulares, totalmente coherente con el proceso en el que vamos a inscribirnos. Por supuesto, esta cuestión ya no se plantea si la iniciativa del coaching proviene de nosotros mismos.

Sea como fuere, hay que elegir. Conviene reflexionar sobre lo que sigue para preparar y conducir la toma de decisión:
— recoger información previamente para tener una primera visión de lo que es el coaching;
— entrevistarse con varios coachs —es decir, al menos dos—, más de una vez si es necesario;
— tener en mente el objetivo de ese coaching;
— presentar a un coach eventual ese objetivo, pedirle que concrete cómo ve su intervención, su función;
— preguntarle cuáles han sido sus estudios antes de convertirse en coach, qué cambios, qué retos ha aceptado y lo que ha obtenido de ellos;

---

43. Véase el capítulo «Direcciones útiles», pág. 185.

— interrogarle sobre su proceso de desarrollo personal, sobre lo que le motiva en el ejercicio de este oficio, cómo lo ve, cómo lo practica y cuánto tiempo lleva haciéndolo;

— hacerle hablar tanto de sus éxitos como de sus fracasos en coaching...

A partir de estos temas, construyamos nuestro propio proceso. Pensemos después de cada entrevista en anotar por escrito —frágil memoria— el resultado, qué cualidades nos parecen evidentes: escucha, curiosidad, cuestionamiento, feedback, etc.

Para facilitar nuestra elección, debemos recordar que:

— raramente es deseable que nuestro coach comparta nuestro campo de conocimientos, pues su cuestionamiento se verá facilitado;

— un cuestionamiento perturbador suele ser garantía de eficacia, aunque perdamos comodidad;

— aunque el *feeling* es importante, ¿la «primera impresión» es siempre la que vale?

Una vez tomada la decisión, prestemos atención al contrato moral.

La formación del coach

■ ■ ■

La existencia de escuelas de coaching, en algunos casos desde hace más de diez años, demuestra por si hiciera falta el objetivo de profesionalización de esta profesión. Entre ellas, cuatro han adquirido hasta la fecha una notoriedad indudable.

Coach and Team +

CT+, creada en 1989 por Vincent Lenhardt,[44] ha formado a más de 200 consultores en 16 promociones. Para esta formación, dedicada al coaching y al team building, el «+» significa que se inscribe en el marco de un enfoque de la gestión en la complejidad, que aspira a desarrollar la inteligencia colectiva[45] de la organización.

Se dirige a gerentes, formadores, consultores u otros profesionales de la relación de asistencia. Se les exige un buen conocimiento de la

44. Véase su testimonio en el capítulo «Hablan los coachs», pág. 101.
45. Es decir, la dinámica de los actores de la organización en alianza en torno a «visiones compartidas».

empresa y la experiencia de un trabajo terapéutico sobre ellos mismos.[46] Una entrevista individual con Vincent Lenhardt o uno de los coanimadores es previa a cualquier inscripción.

CT+, escuela de consultores y de agentes de cambio, tiene como objetivos:

• aprender a llevar una relación de *consulting* individual o de grupo como un profesional;

• adquirir las siguientes competencias:

— gestión de la propia identidad gerencial y del potencial;

— coaching individual;

— team building.

• desarrollar una mirada de coach hacia uno mismo y hacia los demás.

Teniendo en cuenta la experiencia de su fundador,[47] el contenido está muy impregnado de análisis transaccional. No obstante, ofrece una síntesis de los distintos enfoques de la comunicación: semántica general, escuela de Palo Alto, análisis transaccional y programación neurolingüística.

La formación comporta veinte jornadas de seminario no residencial, extendidas a lo largo de un año aproximadamente: seis de tres días (cada dos meses) y una de dos días.

CT+ recurre a diversos métodos:

— exposiciones y demostraciones: animadores y participantes ante el grupo;

— numerosos ejercicios «de acuario»;[48]

— ejercicios pedagógicos individuales, en subgrupo o en gran grupo, con vídeo;

— casos y supervisiones;

— trabajos en grupos de iguales.

Este último punto, cuya riqueza es reconocida por los participantes, merece subrayarse. Los grupos de iguales, de entre cuatro y seis participantes, tienen el objetivo de crear y mantener una dinámica autoorganizada. Son constituidos al final del primer seminario por designación mutua. A razón de un mínimo de una o dos reuniones entre dos seminarios, los miembros del grupo practican coaching recíproco, estructuración en red, invitaciones e intervenciones en común, redacción de fichas de lectura...

---

46. Este trabajo terapéutico debe haberse iniciado antes de la formación y, en cualquier caso, supone un compromiso del participante de tener un lugar de recurso terapéutico durante la formación.

47. Vincent Lenhardt, psicoterapeuta durante veinte años, ha presidido la Asociación Europea de Análisis Transaccional.

48. Es decir, en situación delante del grupo.

Fuera de la formación, existe un grupo de supervisión accesible a los participantes. Este, animado por Vincent Lenhardt, se reúne media jornada al mes.

Es posible obtener un certificado, aunque no es obligatorio. Durante los estudios, se propone a los voluntarios una prueba de examen para prepararse. El propio proceso de certificación se desarrolla entre iguales, alternativamente candidatos y examinadores (Vincent Lenhardt o miembros de su equipo están presentes como recurso). Va acompañado de indicaciones previas y consta de tres partes:

— la primera se refiere al aspecto teórico de la formación, los conceptos y su integración en la práctica;
— la segunda es un ejercicio práctico de coaching «en vivo» sobre un problema real de un miembro del jurado, seguido de preguntas;
— la tercera consiste en la presentación por parte del candidato de su identidad profesional y la respuesta a las preguntas formuladas.

A continuación, los candidatos-examinadores deliberan como jurado.

Según algunos participantes, CT+ es:

— «más unos estudios de desarrollo personal que una formación»;
— «un lugar de entrenamiento fundamental donde se practica el coaching mutuo»;
— «un entrenamiento para la metacomunicación»;
— «una apertura a la complejidad»;
— «un lugar que implica, en absoluto escolar, y por lo tanto que no da seguridad».

Le DôJô

Se fundó en 1990 y se define como un «centro de desarrollo personal y profesional». Lo dirigen sus creadores, Bernard Hévin[49] y Jane Turner, y ofrece, en inter o intraempresa, múltiples cursos sobre este tema (el programa 2001-2002 ocupa 24 páginas).

La formación de coaching, titulada «Del proyecto profesional al proyecto-plan de vida», asocia el aprendizaje práctico con un modelo teórico propio de Le DôJô: «Renovación de la vida adulta», inspirado en gran parte en los trabajos de Frédéric Hudson.[50]

49. Véase su testimonio en el capítulo «Hablan los coachs», pág. 95.
50. Frédéric Hudson fundó en 1986 el Hudson Institute en Santa Bárbara, California. Este centro de formación de coaching integra los estudios más avanzados sobre el desarrollo del adulto y la teoría de los sistemas humanos en una metodología de coaching sobria y eficaz.

El fin es lograr que cada participante integre los diez ámbitos de competencia de los coachs.
1. Crear la relación de coach.
2. Utilizar el cambio como recurso.
3. Captar los objetivos y pasiones emergentes.
4. Equilibrar las actividades y sus funciones.
5. Guiar el trabajo sobre la resistencia.
6. Utilizar la edad como un capital.
7. Facilitar el desarrollo de argumentos.
8. Conectar los sueños con los planes realistas.
9. Crear sistemas de aprendizaje virtuales.
10. Inventar medios para proporcionar coaching a través del tiempo.

El ciclo de formación se divide en tres etapas:
— iniciación;
— formación básica;
— formación avanzada.

• Iniciación = dos días dedicados a la presentación del modelo de coaching.

• Formación básica = 12 días, es decir, cinco módulos de entre dos y cuatro días:
— módulos 1 y 2 = dos veces dos días (actitudes y técnicas de las distintas formas de escucha; métodos y herramientas de diagnóstico; manejo de la relación entre coach y cliente/la actividad del coaching);
— módulo 3 = 4 días (presentación y aplicación del modelo «La renovación de la vida adulta»);
— módulos 4 y 5 = dos veces dos días (escucha provocativa y de confrontación; posición y posicionamiento del coach; actualización y acompañamiento de las etapas de cambio).

• Curso avanzado = 15 días, es decir, seis módulos de dos días y tres días de supervisión:
— módulos 1 y 2 = dos veces dos días (gestión de la relación coach-cliente, utilización de los mapas del modelo);
— módulo 3 = dos días (gestión del proceso de duelo, guía del trabajo sobre la resistencia);
— módulo 4 = dos días (*marketing* del coaching);
— módulo 5 = dos días (coaching de equipo);

— módulo 6 = dos días (certificado);
— supervisión = tres veces un día.

Estos cursos se dirigen a profesionales que deseen adquirir competencias de coachs en un proceso breve pero intensivo: ejecutivos de empresa, consultores, profesores, profesionales liberales...

Pueden completarse con cursos específicos: process communication management, semántica general, programación neurolingüística aplicada a las organizaciones, comunicación de influencia, tareas, ritos y rituales en el acompañamiento al cambio, dinámica de grupo...

International Mozaïk, la Escuela del Devenir

Con este nombre se conoce desde febrero de 1997 a la escuela[51] creada en noviembre de 1991 en el gabinete Transformation. En enero del año 1992 empezaron los cursos de consultores sistémicos y enfoque coaching; los específicos del coaching individual, en cambio, lo hicieron en 1995.

Ha formado a unas 550 personas: 150 en coaching individual, 100 en coaching colectivo y las demás en cursos de consultores, talleres y universidades de verano.

La Escuela del Devenir ofrece «cursos de oficios del cambio» para responder a tres retos:
— «Cómo acoger y transformar las obligaciones de nuestra época en una dinámica rica en prosperidad a largo plazo»;
— «Cómo crear un contexto de aprendizaje en el que cada cual pueda aprender de su experiencia y retransmitirla»;
— «Cómo avanzar con lo desconocido, lo vago y lo inesperado».

Basándose en una investigación permanente y la experiencia de más de quince años en la pedagogía del cambio, propone a los participantes «formarles en un enfoque vivo y global, biológico, que asocie evolución y bienestar para las personas y las organizaciones».

«Cada ciclo está vinculado al contexto profesional de los participantes en una dinámica interactiva entre tiempo de formación y tiempo sobre el terreno».

El trabajo sobre los casos reales que aportan los participantes cuenta con su supervisión, y las experiencias vividas en cada ciclo son la fuente del aprendizaje del sistema.

---

51. Véase el testimonio de Danièle Darmouni en el capítulo «Hablan los coachs», pág. 84.

Se proponen dos ciclos específicos de formación de coaching. La inscripción en dichos ciclos debe ser validada por una entrevista previa de orientación.

A) *Acompañamiento de un equipo, de un proyecto colectivo, ciclo de catorce días en siete meses: dos veces tres días, cuatro veces dos días*

• Formalizar los puntos clave para acompañar a un equipo, un proyecto colectivo:
— construir con el cliente la preparación, organización y regulación del acompañamiento;
— poner en coherencia los distintos niveles de demanda, de objetivos, el posicionamiento del consultor y los métodos empleados;
— redactar una propuesta que se base en un proceso global y estratégico.

• Estimular y acompañar los procesos de equipo a lo largo de todo el proceso estratégico:
— escucha y ajuste de la demanda del cliente;
— modelización de las interacciones entre los distintos actores;
— definición de una estrategia basada en la matriz de los sistemas vivos;
— inicio de la acción adaptada a la cultura de la organización;
— evaluación y seguimiento.

• Desarrollar competencias de «pedagogo del cambio»:
— establecer un contrato «biodegradable» con sentido: prerrequisito para cada uno de los actores, objetivos de cada etapa, reglas del juego, evaluación y seguimiento;
— entrenarse en la regulación de un equipo: utilizar métodos pertinentes, racionales, intuitivos y creativos para concretar la realización de los objetivos.

• Conocerse mejor y desarrollar el saber devenir:
— identificar el propio modo de funcionamiento privilegiado, el potencial de evolución y los ejes de desarrollo del proyecto profesional.

B) *Acompañamiento individual y función del coach = ciclo de siete veces dos días, en siete meses*

• Concretar la relación «coach, coachee, empresa» y las diversas demandas:

— construir referencias: contrato, reglas del juego, marco de relación;
— modelizar para formalizar los puntos clave del coaching y del acompañamiento.

• Plantear un diagnóstico de intervención sobre las capacidades de evolución de los clientes, para saber dónde y cómo intervenir a partir de los siguientes elementos:
— una visión global de las interacciones que vinculan a las personas y los equipos en el seno de su ambiente;
— el posicionamiento de los distintos actores, las fronteras y las zonas de influencia, los juegos y retos, los márgenes de maniobra para inventar el futuro.

• Acompañar la dinámica del cliente, ser intervencionista con distanciamiento:
— poner en práctica un enfoque estratégico flexible y pertinente en relación con la evolución de las personas, los equipos y la cultura de la empresa;
— descubrir e integrar unas herramientas de intervención adaptadas a las lógicas internas de funcionamiento de cada cliente: aplicar el efecto palanca;
— desarrollar una escucha sensible de los clientes y de su ambiente;
— dar sentido a lo que ocurre en la interacción con el interlocutor;
— inventar en el instante una respuesta generadora de cambio.

Certificado, acompañamiento y coaching

Se exige al participante un compromiso mínimo de dos años de formación y el cumplimiento de estos principios:
— regularidad y presencia en la totalidad de los estudios con una tolerancia máxima de tres días de ausencia;
— participación y gestión activa de la formación en relación con un supervisor, según un plan de encuentros definido de mutuo acuerdo;
— evaluación por sus iguales a medio curso y al final del ciclo.
El examen de fin de ciclo consiste en presentar al grupo un proyecto profesional relativo a un tema como formación, animación, dirección de proyecto, coaching...
El objetivo para el candidato al certificado consiste en aportar la demostración comportamental de su integración profesional del enfoque y de las herramientas transmitidas durante el ciclo.

Su proyecto se evalúa según dos ejes:
— el proceso, es decir, cómo establece y mantiene el candidato la relación con el grupo para avanzar hacia su o sus objetivos;
— el contenido, es decir, la utilización en su presentación de las herramientas del aprendizaje del cambio.

Seis meses como máximo después del final del ciclo, el candidato al certificado debe presentar una memoria de entre 15 y 30 páginas acerca de un trabajo de investigación relativo a una aplicación concreta en una situación profesional. Más allá de su evaluación, esta memoria es una herramienta de integración que forma parte del proceso pedagógico.

Instituto de Formación para el Desarrollo (IFOD)

Creado y animado desde noviembre de 1995 por Olivier Devillard,[52] el Institut de Formation au Développement (Instituto de Formación para el Desarrollo, IFOD) está especializado en la formación de coaching.[53] Su postulado básico es que el coaching se distingue de las técnicas que permiten el diagnóstico (análisis transaccional, programación neurolingüística, psicología...), puesto que tiene sus propios protocolos: desencadenar la toma de conciencia en el coachee, elaborar acciones de progreso, utilizar diversas formas de escucha...

Para el IFOD, «el objetivo de esta formación es, por consiguiente, aprehender unos modelos lo bastante amplios para dar rienda suelta a la expresión personal de cada cual y lo bastante elaborados para garantizar la eficacia, gracias a la posesión de los pocos procesos fundamentales de esta nueva profesión».

El IFOD no se dirige a un determinado grupo de personas sino a un amplio público:
— directores de recursos humanos y responsables de formación que quieran perfeccionarse en su función de asesoramiento interno en una empresa;
— consultores, formadores y desarrolladores deseosos de adquirir el dominio de los procesos de dinámica de los individuos;
— psicólogos, médicos, asesores y abogados.

El coaching individual, denominado coaching de la persona, se desarrolla en dos ciclos de formación, mientras que el de grupo, denominado coaching de equipo, se dispensa en un ciclo.

52. Véase su testimonio en el capítulo «Hablan los coachs», pág. 86.
53. En 1993 y 1994, antes de fundar el IFOD, Olivier Devillard había animado cursillos de iniciación al coaching y al team building.

A) *Coaching individual o de la persona*

• Ciclo inicial = cinco seminarios de dos días en cinco meses.

1. La escucha profesional:
— formas de escucha y de percepción;
— el proceso de coaching, diferencias con la tutoría, el *mentoring*, la formación y el asesoramiento.

2. La dirección de las sesiones:
— experimentación de las prácticas específicas del coaching.

3. Las intervenciones del coach:
— elaboración del plan de progresión y de secuenciación de las sesiones en función de la persona y la situación;
— las habilidades propias del coaching.

4. La persona:
— herramientas para evaluar la interacción entre la persona y el contexto (métodos de diagnóstico, gestión de la energía, caracterología, funcionamiento impulsivo y afectivo de la motivación, identidad y desarrollo de recursos, trabajo de los objetivos profesionales).

5. Ser coach:
— lugar en la empresa, protección frente a las problemáticas encontradas, actitud frente al alumno;
— aspectos prácticos y deontológicos de la profesión.

Según los seminarios, se proponen ejercicios de integración, de entrenamiento para el coaching, filmados o no, y estudios de casos. Se proporciona una bibliografía.

• Ciclo de perfeccionamiento = dos veces dos días.

1. El enfoque sistémico del coaching:
— considerar al alumno un elemento del sistema que compone la empresa para perfeccionar el análisis del contexto.

2. El eje operativo del coaching:
— conocer las necesidades y obligaciones de las personas que constituyen las organizaciones públicas o privadas;
— juegos de rol y entrenamiento con vídeo son las herramientas de perfeccionamiento para el coaching de la persona.

B) *Coaching de equipo: ciclo de tres seminarios de dos días*

1. Dinámica de equipos y etapas del coaching:
— modelos y mecanismos del coaching de equipo;
— enfoque sistémico;
— movilización de la energía, pertenencia y búsqueda de diferenciación, modalidades de identificación y niveles de contribución.

2. Dirección de las intervenciones:
— integración de las etapas del proceso, identificación de las condiciones de éxito, adquisición de las habilidades propias del team building y del team development;
— aportación didáctica sobre sociometría, dinámica de grupo, análisis de situación y resistencias.

3. Eficacia colectiva:
— ampliación de los dos seminarios anteriores;
— fases de madurez de los compañeros, formas de su acompañamiento a largo plazo;
— como complemento de la formación: prácticas específicas sobre el funcionamiento de equipos, sobremotivaciones, comportamientos de miembros del equipo, límites de la cohesión y fenómenos de equipo.
En los distintos seminarios se proponen a los participantes ejercicios de integración, intercambios de experiencia y estudios de casos.
Por otra parte, el IFOD ha constituido, en torno a O. Devillard y C. Caillard,[54] un grupo de intercambio e investigación para los coachs internos.

COSTE COMPARADO DE ESTOS CURSOS		
	Empresa	**Particular**
	Precio de la jornada (IVA no incluido)	**Descuento %**
Coach and Team +	368,93 €	10*
Le DôJô	de 291,18 a 377,31 €	del 33,3 al 38
International Mozaïk	253,07 €	13,4
IFOD	de 336,91 a 381,12 €	del 15 al 20

* En caso de abonar el importe en un solo pago.

54. Véase su testimonio en el capítulo «Hablan los coachs», pág. 82.

Otros cursos

Las escuelas de coaching anteriormente descritas se dirigen a un público variado (consultores, formadores, ejecutivos de empresa en las relaciones humanas o no, profesionales liberales...) constituido por personas para las que el coaching no será necesariamente la profesión practicada.

Pierre Blanc-Sahnoun

Muy distinto es el proyecto de formación iniciado en el año 2000 por este coach.[55] Está concebido para responder a dos tipos de demandas: la de una formación para aprender este oficio, por un lado, y una demanda de supervisión, por el otro. El modelo pedagógico adoptado es el de la formación de pilotos privados, que comporta una serie de aprendizajes básicos que conducen a un diploma, y luego unos aprendizajes avanzados que permiten obtener la licencia que autoriza a pilotar con toda autonomía, con unos pasajeros de los cuales se es responsable. Además, esta formación se basa desde el comienzo en la adquisición de métodos prácticos, en situación.

A su imagen, el modelo escogido para el coaching se basa en el dominio de cierto número de saberes, cuya aplicación depende cada vez de datos de ambiente incontrolables y del seguimiento permanente de numerosos parámetros. Ello implica permanecer en todo instante plenamente disponible a lo que ocurre estando orientado hacia el objetivo concreto de acompañar a una persona de un punto A a un punto B.

Concretamente, esta formación consta de diversos módulos que sirven de balizas para permitir a cada cual construir para sí el trayecto más adecuado para el descubrimiento y la puesta a punto de su herramienta de coaching. Así, los principiantes pueden escoger un trayecto tan completo como sea necesario con numerosas etapas para asimilar a su ritmo.

Los coachs experimentados tienen la posibilidad de orientarse directamente hacia la supervisión. Asimismo, tienen toda libertad para «hacer *zoom*» sobre uno u otro punto teórico con el fin de ampliarlo o disfrutar de una mirada distinta.

Condiciones mínimas para seguir este curso
— Estar apasionadamente motivado por este oficio;
— desear convertirlo en la principal actividad y vivir de él;

55. Véase su testimonio en el capítulo «Hablan los coachs», pág. 75.

— tener una primera experiencia de la relación de ayuda, a ser posible en un contexto profesional;
— contar con experiencia en el mundo de la empresa;
— haber hecho un trabajo sobre uno mismo;
— tener una buena cultura general en psicología;
— estar en contacto con las propias emociones y saberlas identificar y acoger;
— querer a la gente;
— no encerrarse en sistemas, ser capaz de improvisar;
— tener sentido del humor y saber burlarse de uno mismo;
— tener ganas de ayudar a los demás siendo consciente de los límites de la ayuda que se les puede aportar;
— contar con sólidos anclajes personales que permitan no depender de las misiones.

Organizaciones y temas del ciclo de formación

El objetivo general es que cada participante pueda descubrir su propio estilo de coaching, experimentarlo y perfeccionarlo. El conjunto del ciclo dura seis meses.

• Seminario de tres días:
— la posición del coach y del candidato en la relación de coaching;
— territorios y límites del coaching;
— coaching y terapia;
— gestión del traspaso;
— la primera sesión;
— demanda, necesidad;
— triángulo infernal y trampa del salvamento;
— la fijación de los contratos;
— simulaciones y ejercicios sobre las emociones y las situaciones;
— la primera misión: cómo encontrarla, cómo iniciarla, dónde recibir a los candidatos.

El objetivo es que cada principiante comience rápidamente una primera misión con doble mando al final del seminario. Este trabajo en dimensión real es una clave para convertirse en coach.

• Módulos teóricos: un día, una vez al mes en pequeños grupos:
— del balance de competencias a la puesta en movimiento en una nueva trayectoria profesional;
— el análisis de los comportamientos, las emociones y las creencias (con ejercicios de improvisación teatral animados por un actor formador);
— la fijación de los planes de acción, el acompañamiento de una búsqueda de empleo, la creación de ejercicios;

— el acompañamiento y la consolidación del cambio;
— las técnicas de búsqueda de empleo;
— vender misiones de coaching a los particulares, a las empresas, escoger un estatuto, declararse;
— poner fin a una misión;
— otras formas de coaching: comparación con colegas.

Los coachs principiantes siguen la totalidad de los modelos teóricos; para los coachs experimentados, queda a su discreción.

• Supervisión de grupo.

Cada participante aporta sus casos, que se discuten e interpretan en grupo. El trabajo pretende sacar a la luz lo que ocurre en la relación entre el coach y su candidato, qué emociones y creencias están en juego, y elaborar soluciones y planes de acción concretos para avanzar en la misión.

El grupo de supervisión se reúne una vez al mes durante cuatro horas. La cena rápida que sigue permite prolongar los intercambios y crear una relación informal. Los principiantes acceden a este grupo desde el comienzo de su primera misión.

• Supervisión individual.

Es semanal al principio, pasa a ser bimensual y luego tiene lugar a petición. El proceso se conduce de común acuerdo según las necesidades. Asimismo, el teléfono y el correo electrónico se utilizan para entrevistas de supervisión.
— Seguimiento individual de los coachs principiantes.

Comienza después de la adquisición de las «bases» y tiene el objetivo de aportarles una ayuda para la identificación y la búsqueda de sus primeras misiones.

• Bibliografía.

Se propone a los participantes una bibliografía de una docena de obras para crear referencias comunes. Evoluciona en particular en función de las lecturas y las experiencias de los coachs principiantes, que la van enriqueciendo.

«Convertirse en un líder-coach» con el método de Mediator International

También nos parece interesante presentar este ciclo de formación propuesto por Mediator International, especializado en el coaching de directivos y equipos de dirección. Este ciclo se dirige a los gerentes operacionales o funcionales que desean expandir su potencial de líderes y desarrollar nuevos talentos.

Deben estar dispuestos a:

— compartir con otros sus dificultades y sus ideas de soluciones;

— aprender a resolver de forma distinta los problemas de gestión a los que se enfrentan con la ayuda de los demás participantes y la de los coachs del consultorio.

«Convertirse en líder-coach» tiene el objetivo de permitir a cada participante:

— resolver de verdad las problemáticas concretas de gestión, en transparencia con otros directivos y comprometiéndose realmente;

— liberar los propios potenciales, disfrutando de un coaching en profundidad;

— saber instaurar relaciones de coaching con el entorno: uno mismo, los colaboradores, los clientes, los iguales y la dirección.

El curso consta de dos etapas:

• Aprendizaje y experimentación = cuatro meses.

Para adquirir técnicas y aptitudes de coaching compartiendo experiencias vividas:

— entrevista individual de validación de los objetivos y de definición de un contrato de progreso personal (dos horas);

— consolidación de la práctica de dirección (dos veces un día);

— dominio de las técnicas de coaching (tres veces medio día);

— formalización de los planes de acción individuales (un día).

De forma alternativa, se dedican foros de trabajo por parejas a comparar y compartir experiencias concretas con el fin de obtener beneficios a partir de una relación de mutuo coaching.

• Supervisión y certificado = seis meses:

— entrevista individual de supervisión técnica (dos horas): autoevaluación y certificado técnico;

— comprobación de la eficacia de coach (cinco veces media jornada);

— entrevista individual de supervisión comportamental (dos horas): designación y certificado comportamental.

Cada ciclo «Convertirse en un líder-coach» reúne a una decena de participantes: cada uno de ellos es objeto de doble coaching por parte de otro participante y un coach de Mediator International. El certificado técnico y comportamental está controlado por un consultor, bajo la dirección de un comité de seguimiento metodológico establecido en el seno del consultorio. Los directivos y los gerentes certificados como líderes-coachs (así como los que se han beneficiado de un proceso de coaching) pueden participar en las conferencias-debates del Club de los líderes-coachs, un espacio de encuentros e intercambios animado por el consultorio.

IFAS

El Institut Français de l'Anxiété et du Stress, creado en septiembre de 1990 por varios psiquiatras, tenía como vocación inicial la realización de auditorías de estrés en las empresas. Los interventores asociaban formación científica, sólida cultura psicológica y buen conocimiento de los comportamientos humanos. Su relación con el mundo de la empresa les llevó progresivamente a desarrollar un segundo polo centrado en la gestión y dedicado en particular, desde 1995, al coaching. En este ámbito, el IFAS desea a la vez acompañar a la persona en un objetivo de cambio comportamental y darle la posibilidad de apropiarse de la técnica de cambio usada para dirigir el coaching.[56]

A las intervenciones clásicas de coaching individual y de coaching de equipo se han añadido más tarde diferentes tipos de cursos en torno al tema:
— formación de formadores;
— curso de coaching intraempresa;
— coaching mutuo;
— supervisión de coachs.

Se dirigen a los jefes de la empresa en posición directiva y a los profesionales de los recursos humanos, así como a los profesionales liberales. Teniendo en cuenta la cultura psicomédica propia del IFAS, estos cursos conceden una gran importancia a la adaptación de las TCC (Terapias Comportamentales y Cognitivas)[57] al contexto de la empresa.

Organismos profesionales

La agrupación de personas o empresas que ejercen una actividad idéntica suele ser también un signo de profesionalización de un oficio. Eso sucede con el coaching: Syntec Conseils en Évolution Professionnelle reúne a empresas, mientras que la Sociedad Francesa de Coching reúne a coachs a título personal.

---

56. E. Albert y J. L. Emery, *Au lieu de motiver mettez-vous à coacher*, Éditions d'organisation, París, 2000.
57. Véase la tercera parte del libro, «Herramientas», pág. 141.

Syntec Conseils en Évolution Professionnelle

El desarrollo del outplacement a comienzos de los años ochenta se había acompañado de la creación, en 1985, de la Ascorep (Association syndicale des conseils en réinsertion professionnelle).

En enero de 1999, la Ascorep se incorpora al Groupement des Syndicats Syntec des Études et du Conseil (GSSEC) y se convierte en el Syndicat Syntec des Conseils en Évolution Professionnelle.

Dieciséis de los diecisiete miembros del sindicato desarrollan una actividad de coaching.[58] Han redactado una carta del coaching, que presentamos a continuación:

CARTA COACHING DE SYNTEC CONSEILS EN ÉVOLUTION PROFESSIONNELLE

1 – Ejercicio del oficio
El coach está autorizado a ejercer su función a partir de su formación y su experiencia, validadas por los directivos de su consultorio para las especificidades de sus intervenciones.
Le corresponde desarrollarse de forma permanente en sus ámbitos; su «aptitud» para intervenir es apreciada por su dirección general.
La habilitación hace referencia a su nivel de experiencia en el asesoramiento o la gestión, su formación específica de coaching y su dominio de la relación cara a cara.

2 – Contratos
El contrato comercial se efectúa entre la empresa y el consultorio. Concreta los objetivos de la misión, la duración, la tarifa y el perímetro de confidencialidad. Paralelamente, se establece un contrato moral entre el coach y el coachee, y se concretan los objetivos de desarrollo y resultados que deben alcanzar juntos.

3 – Confidencialidad/informe
El coach se acoge al secreto profesional para todo el contenido del proceso. En cambio, los objetivos y los consejos y aperturas finales pueden ser objeto de un informe por parte del coachee según unas modalidades que se definirán al inicio de la misión.

4 – Adhesión del alumno
El coaching sólo puede concebirse con la adhesión real del coachee.

(Continúa)

58. Véase el capítulo «Direcciones útiles», pág. 185.

5 – Rechazo de una misión
El consultor será libre de rechazar una misión en conciencia.

6 – Puesta en práctica
El coach define y adopta todos los medios adecuados para obtener, en el marco de la demanda de su cliente, el desarrollo profesional del coachee y puede recurrir a un experto complementario.

7 – Supervisión
Todo coach de Syntec-Ascorep se compromete a recurrir periódicamente a un supervisor, es decir, un igual o un tercero competente. El consultorio se compromete a proporcionarle los medios para hacerlo.

8 – Interrupción de la misión
En caso de que el coach compruebe que ya no se reúnen las condiciones de éxito de su misión, está autorizado, de acuerdo con la empresa, a interrumpir la misión.

9 – Ética
El consultor renuncia a cualquier abuso de influencia y se mantiene específicamente en el campo definido por el contrato. En ningún caso hace o decide en lugar del coachee. La finalidad del coaching consiste en buscar la mejor autonomía del coachee.

10 – Recurso
En caso de controversia, la dirección del consultorio, firmante de la carta, se compromete a recibir al coachee en presencia de su coach.

Sociedad Francesa de Coaching (SF Coach)

Esta asociación de personas nació en enero de 1997. Surgió del trabajo previo de trece profesionales del coaching reunidos para reflexionar sobre la evolución de su profesión, así como sobre la forma de desarrollarla en Francia. La guía del año 2000 contiene 274 nombres:
— 11 miembros fundadores;
— 23 miembros titulares;
— 240 afiliados.

Miembros afiliados
Para ser admitido como afiliado de la SF Coach, es necesario hacer una solicitud de afiliación en la que el postulante declara:

— ejercer un oficio de asesoramiento vinculado al coaching;
— adherirse a los estatutos de la asociación;
— comprometerse a cumplir el código deontológico.

El comité de afiliación decide sobre su admisión, que tras la aprobación se hace efectiva cuando se produce el pago de la cotización.

Miembros titulares

El afiliado que desea convertirse en «titular SF Coach» debe seguir un proceso específico, consistente en transmitir los siguientes elementos al comité de admisión:

• Una carta de motivación.

• Un currículum vítae y ocasionalmente un folleto profesional.

• Cualquier documentación que pueda justificar su ejercicio (artículo, publicación) y los siguientes requisitos previos:
— haber efectuado un «trabajo sobre sí mismo» de al menos dos años, del que dará testimonio durante la entrevista de titularización;
— disponer de un lugar de supervisión de las prácticas profesionales;
— tener experiencia de trabajo en una empresa;
— haber adquirido formación y experiencia en el ámbito de la relación de ayuda;
— manifestar una apertura mental a otras disciplinas distintas de la suya (o las suyas);
— tener experiencia en el oficio de coach;
— un talón de 76,22 € correspondiente a los gastos de titularización y otro de 182,94 € relativo a la diferencia entre la cotización de titular y la de afiliado ya abonada.

El desarrollo de la selección se efectúa de la forma siguiente:

• Examen del expediente de candidatura por parte del comité.

• Para los expedientes seleccionados, una o dos entrevistas en presencia de cuatro miembros del comité de admisión para:
— exponer la posición con respecto a los requisitos previos, los métodos utilizados y la deontología;
— ilustrar la aplicación de la deontología a partir de casos vividos.

• Deliberación por parte del comité regularmente reunido.

• Decisión comunicada por escrito.

Teniendo en cuenta los elementos anteriores, el jurado apreciará en el candidato las características relacionadas con su desarrollo personal, su sensibilidad ante los retos de la organización y, en general, su aptitud para el coaching.

Tras la notificación de la decisión del jurado, el candidato podrá solicitar una entrevista con un coach miembro del mismo.

Otras disposiciones: el proceso de titularización está sometido al secreto profesional. Los titulares podrán valerse de su calidad de miembro titularizado por la SF Coach con fines profesionales. La SF Coach ha definido asimismo el siguiente código deontológico.

CÓDIGO DEONTOLÓGICO

Preámbulo

Este código es establecido por la Sociedad Francesa de Coaching exclusivamente para la práctica del coaching profesional. Es oponible a todos los miembros de la Sociedad Francesa de Coaching. Aspira a formular puntos de referencia deontológicos, teniendo en cuenta las especificidades del coaching como proceso de acompañamiento de una persona en su vida profesional. Así pues, este código deontológico constituye la expresión de una reflexión ética; se trata de unos principios generales, por lo que su aplicación práctica requiere capacidad de discernimiento.

Título 1 – Deberes del coach

Artículo 1-1 – Ejercicio del coaching
El coach está autorizado en conciencia a ejercer esta función a partir de su formación, su experiencia y su supervisión inicial.
Artículo 1-2 – Confidencialidad
El coach se acoge al secreto profesional.
Artículo 1-3 – Supervisión establecida
El ejercicio profesional del coaching requiere una supervisión. Los titulares de la Sociedad Francesa de Coaching están obligados a disponer de un lugar de supervisión, y a recurrir al mismo cada vez que lo exija la situación.
Artículo 1-4 – Respeto de las personas
El coach renuncia a ejercer todo abuso de influencia.
Artículo 1-5 – Obligación de medios
El coach se compromete a adoptar todos los medios propios para permitir, en el marco de la demanda del cliente, el desarrollo profesional y personal del coachee, incluso recurriendo, si es necesario, a un colega.

(Continúa)

Artículo 1-6 – Rechazo de encargo
El coach está en su derecho de rechazar un encargo de coaching por razones de la organización, del solicitante o propias. En tal caso recomienda a uno de sus colegas.

Título 2 – Deberes del coach respecto al coachee
Artículo 2-1 – Lugar de desarrollo del coaching
El coach debe mostrarse atento al significado y a los efectos del lugar de la sesión de coaching.
Artículo 2-2 – Responsabilidad de las decisiones
El coaching es una técnica de desarrollo profesional y personal. Por ello, el coach deja toda la responsabilidad al coachee.
Artículo 2-3 – Solicitud formulada
Toda solicitud de coaching responde a dos niveles de demanda: una formulada por la empresa y la otra por el propio interesado. El coach debe validar la demanda del coachee.
Artículo 2-4 – Protección de la persona
El coach respeta las etapas de desarrollo del coachee.

Título 3 – Deberes del coach respecto a la organización
Artículo 3-1 – Protección de las organizaciones
El coach está atento al oficio, los usos, la cultura, el contexto y las limitaciones impuestas por la organización para la que trabaja.
Artículo 3-2 – Informe al cliente
El coach dará cuenta de su acción al cliente dentro de los límites establecidos con el coachee.
Artículo 3-3 – Equilibrio del conjunto del sistema
El coaching se ejerce en la síntesis de los intereses del coachee y de su organización.

Título 4 – Deberes del coach respecto a sus colegas
Artículo 4-1 – Abuso de la denominación SF Coach®
Sólo los titulares tienen derecho a utilizar la denominación SF Coach®. Un afiliado sólo podrá utilizarla después de su titularización.
Artículo 4-2 – Obligación de reserva
El coach se mantiene en una actitud de reserva respecto a sus colegas.

Título 5 – Recurso
Artículo 5-1 – Recurso ante la SF Coach®
Toda organización o persona puede recurrir voluntariamente ante la Sociedad Francesa de Coaching en caso de incumplimiento de las reglas profesionales elementales inscritas en dicho código.

SEGUNDA PARTE

Testimonios

Hablan los coachs

■ ■ ■

JEAN-MARIE BECQ: [59]
«SALIR DEL SABER PARA IR AL SENTIR»

«Convertirse en "coach" representa para mí el fin de una espiral, de una forma de rizo. Su punto de partida es un análisis jungiano, hace casi treinta años, junto a la defensa de una tesis dedicada a la segunda parte, la tarde de la vida. Así pues, fui terapeuta jungiano encontrando algunas dificultades para entrar en un sistema.

»Luego, me dediqué a la formación orientada hacia la preparación para la jubilación y la ayuda para la reactivación de ejecutivos con dificultades.

»Hoy en día, el coaching tal como yo lo practico se dirige a personas que toman decisiones, siempre voluntarias, aunque haya alguien que

---

59. Jean-Marie Becq creó, en 1980, Captonic, donde se aloja el conjunto de sus actividades. Para las misiones de coaching, puede movilizar, según las necesidades, a diversos interventores: asesores de evolución profesional, acupuntores y especialistas en medicina deportiva, médicos laborales y especialistas en estrés, kinesiterapeutas para la puesta en forma, etc.

da la orden, en una búsqueda de aclaración, un proceso de profundización.

»En mi opinión, el coaching es menos un enfoque mecanicista, basado en unas herramientas, que un trabajo de aligeramiento para que cada cual responda a preguntas como:

»— ¿de qué estoy hecho?;

»— ¿por qué?;

»— ¿qué espera el mundo de mí?;

»— ¿cómo reconciliarme con él?...

»Es un regreso a Jung con clientes que en su mayoría se sitúan entre los 45 y los 50 años. Lo que me dicen es: "En el fondo, vamos bien, nuestras acciones han recibido una sanción positiva; pero ¿da sentido, da placer? ¿Hay algo más en nosotros? ¿Es posible hacer lo mismo pagando menos?".

»Si su mente está bien, se trata de desarrollar la parte emocional. Acuden a mí porque quieren ocuparse del cuerpo, liberar su expresión personal, que hasta entonces han reprimido.

»Yo resumiría su discurso así: "He demostrado que soy bueno, ahora necesito experimentar, salir del saber para ir hacia el sentir".

»Es necesario que el cuerpo se convierta en su mejor aliado para traducir lo que sienten.[60]

»Hay un paralelismo entre respiración y postura: hacia delante espiro, mientras que hacia atrás inspiro. Algunas personas se inclinan demasiado hacia delante, en un sobreesfuerzo permanente, y consumen excesiva energía; otras, muy hacia atrás, dejan pasar el tren...

»Para hacerles tomar conciencia de ello, desarrollo la escucha, soy el espejo, y cuando me parece necesario no dudo y de vez en cuando entro...

»Los más jóvenes, que se hallan en la treintena, atrapados en el torbellino del *zapping* actual, se hacen preguntas a veinte años vista.

»Crear la resistencia es una clave para quienes se vuelcan de lleno en la acción. Para aprender a recuperarse, resulta útil pasar por el corazón, estar a la escucha de sus pulsaciones para reconocer la información que ofrece. El sueño breve es una fuente de recuperación al igual que ciertos rituales vespertinos para volver la página. Cada cual halla su solución.

»El arte de dirigirse es el de cuidarse, el de convertirse en autor y actor del propio éxito apoyándose en los propios valores, competencias, emociones y cuerpo.

---

60. Jean-Marie Becq expresa con gestos lo que dice: está de pie, con los ojos cerrados, y se balancea de delante hacia atrás.

»En la soledad actual, los cursos ya no bastan, aunque permiten conocer a personas de otras empresas. Aunque la palabra *coach* está desprestigiada, el coaching aporta a quien se beneficia de él la presencia de alguien que le ayuda a obtener el mejor provecho de un tiempo que se le deja libre de todo control, sin jerarquía.

»El verdadero coach no tiene proyecto sobre los demás, evita tomarse demasiado en serio y debe saber manejar la transferencia y la contratransferencia a riesgo de plantarse. Para evitar crear la dependencia, el coaching es un contrato por tiempo determinado, en general de seis medias jornadas. Se estipula con el cliente tras un primer contacto con el futuro alumno, que hará su feedback.

La actitud ante el coaching varía con la edad: los más jóvenes viven una relación contractual: "¿Qué me das y qué te doy?"; los más mayores tienen la sensación de ser un peón, de haber sido engañados, y buscan qué tienen.

»El "alumno imposible" es poco frecuente, aquel que no consigue decidirse sobre lo que quiere, el que vive en reacción a los demás y a sus deseos, aquel que me pide que le diga lo que debe hacer. Yo le respondo: "¿Por qué te gusta más no concretar lo que quieres? ¿De qué te sirve? ¿Qué beneficio obtienes? Yo no estoy aquí para aportarte tu camino".

»Nunca se trata de terapia: la frontera entre coaching y terapia es el mundo del inconsciente.

»Al pasar del individuo al grupo, el término se mantiene con distinto contenido; el coaching se inscribe en una perspectiva dinámica, en la elaboración de un proyecto más o menos conciliable con los proyectos individuales. Un equipo se une en torno a una obra común, como la construcción de un puente con 36 personas de Rhône Poulenc Agro, en los Alpes.

»Para llevar a bien un proyecto así, es importante:

»— que sea decisión del grupo;

»— que se descubran los "peros";

»— que se visualice el éxito;

»— que se identifiquen los beneficios secundarios, así como las acciones posteriores, que se establezca una cuenta hacia atrás.

»El coach debe lograr sacar a la luz los conflictos, reconciliar talentos distintos, evitar su presencia excesiva para que el grupo no descanse en él y se haga cargo de sí mismo.

»Dos palabras para acabar sobre el concepto en boga de gerente coach: me parece muy complicado y poco realista. En una organización casi siempre en rastrillo, el gerente, aunque sea un verdadero líder, se enfrenta a la necesidad de tomar decisiones para que avance, lo cual es poco compatible con la posición de coach».

Francis Binoche, Garon Bonvalot:
«La empresa es el núcleo del coaching»

«Según la fórmula de nuestro Presidente, "el coaching es un oficio de acompañamiento de alguien en la acción, con el fin de mejorar su rendimiento[61] en el seno de la empresa apostando por su potencial de desarrollo".

»La vocación de Garon es la articulación entre las personas y la empresa. Su función consiste en ayudar al colaborador a sentir esa articulación y a construirla. Asimismo, podríamos resumir el discurso de la empresa: "El señor X es un colaborador con potencial, ayúdenle a hacerlo mejor".

»Esta definición presupone nuestra convicción de la existencia de un potencial de desarrollo, de recursos personales en todo coachee; al coach le corresponde su revelación a través de la mayéutica. La empresa apuesta por el individuo y nos confía una misión debido a ese potencial.

»Por otra parte, el acompañamiento en la acción establece una forma de coaching operativo que nos lleva a participar en el diálogo entre la empresa y su colaborador en un espíritu tripartito: si la empresa tiene su visión, el colaborador también tiene la suya. Un trabajo de acercamiento permite establecer un contrato que recapitule los objetivos de Garon con respecto a las expectativas de las otras dos partes implicadas.

»En mi opinión, el coaching es una dinámica que se inscribe en el tiempo. Es difícil fijar con precisión los objetivos desde el principio, pues a menudo existen objetivos subyacentes que se revelarán más tarde. Así pues, se hace muy difícil establecer una meta determinada.

»La empresa es el núcleo del coaching. Pero nuestro compromiso de total confidencialidad respecto al colaborador, garantía de una relación de confianza esencial, tiene como consecuencia que no comuniquemos nada a la empresa sin la conformidad de este. Y también con su conformidad tendrá lugar un intercambio tripartito al final del proceso de coaching sobre los resultados alcanzados, en el cual el coach acompañará al colaborador.

»En lo que respecta a los coachs, se observa que los que provienen del mundo de los psicólogos se sienten al principio más cómodos con el individuo que con la empresa, y a la inversa para los procedentes del mundo de la empresa.

---

61. Garon Bonvalot practica el coaching únicamente al servicio de las empresas.

»Por mi parte,[62] venido de la empresa, tengo la voluntad de efectuar, de forma pragmática, un coaching de calidad para mejorar en concreto los rendimientos de la empresa mediante la mejora de los de sus colaboradores.

No es cuestión de jugar al aprendiz de brujo; por ello, me apoyo en un grupo de herramientas específicas,[63] como el MBTI (Myers-Briggs Type Indicator), el análisis grafológico, la process communication..., así como en las utilizadas en el outplacement, con las que tengo mucha experiencia para la evaluación de las competencias y las motivaciones.

»Para llevar a cabo su misión, el coach se basa en una doble confianza: la de la empresa y la del hombre en la empresa. Los compromisos contraídos por el coach se refieren a los efectos evaluables a corto plazo, aunque se esperen efectos a largo plazo. Para los coachees directivos, las misiones duran de tres a seis meses, raramente un año. Es evidente que no hay que crear una relación de dependencia. La supervisión, a la que estoy obligado como todos los coachs de Garon Bonvalot, responde en particular a este objetivo.

Por otra parte, todos esos coachs disfrutan de una formación a la vez interna, para intercambiar herramientas y su propia experiencia, y externa.

»Aunque es cierto que a veces se reduce el coaching, sin motivo, a un simple instrumento de consuelo para ejecutivos superiores y directivos, no es el último remedio antes de la salida.

»En realidad, compruebo que tanto los balances como el coaching se utilizan cada vez más para los ganadores».

PIERRE BLANC-SAHNOUN:
«CONCIBO MI PROFESIÓN COMO UN ARTESANADO DE LUJO»

—*¿Qué es para usted el coaching?*[64]
—Es un proceso de acompañamiento, en el que uno se sitúa junto a un hombre o una mujer que desea caminar de un punto A a un punto B y le proporciona una mirada exterior objetiva y benévola, unas he-

---

62. Francis Binoche, diplomado del IEP de París (Ciencias Políticas), adquirió su experiencia profesional en el mundo bancario.
63. Véase la tercera parte del libro, «Herramientas», pág. 141.
64. Nota del Autor: conozco a Pierre desde hace doce años. En nuestro encuentro, optó por responder por correo electrónico a la guía de entrevista que le presentaba. Aparte de algunos retoques posteriores, lo que constituye su testimonio es su respuesta de una sola tirada.

rramientas, unos puntos de referencia y unas balizas. El coach es similar a un guía de excursionismo: no es él quien escoge el destino que se desea alcanzar, pero sugiere el camino, y cuando hay obstáculos enseña a superarlos (o a aceptarlos cuando no se pueden superar).

—*¿Cómo se convirtió en coach? Itinerario, formación, desarrollo personal...*
—ESSEC, y luego cinco años de periodismo económico (*Les Échos, Stratégies*). Durante un reportaje sobre el outplacement, que arrancaba en Francia en aquella época (1987 o 1988), conocí a un brillante outplacer y me di cuenta de que ese oficio me atraía y me convenía: un oficio de ayuda, donde hay psicología, con sentido, y que permanece anclado en la empresa y lo económico. Y, sobre todo, una forma de funcionamiento por misión, que permite obtener resultados rápidos y concretos.

Por lo tanto, escribí un libro sobre el tema, como buen periodista que era en aquel momento (*Le guide des conseils en carrière*, en Presses du management), y conocí a Christian Garon, que me propuso entrar en su consultorio. Pasé allí seis años, donde fui sucesivamente consultor de reorientación de carreras de ejecutivos y directivos, director de un centro (Burdeos), director regional y finalmente jefe de comunicación.

Al cabo de seis años, abandoné Garon Bonvalot para cazar talentos en Maesina. Error de *casting*. Así pues, emprendí una formación de psicoterapeuta con André Bonaly (tendencia comportamentalista) y, desde hace tres años, trabajo como autónomo, a la vez para empresas y particulares.

Concibo mi oficio como un artesanado de lujo, a medida, creando cada vez un proceso diferente, adaptándolo a la demanda del cliente.

Trabajo solo, pero en red con grafólogos, psicólogos, formadores de process communication, especialistas en *look* e imagen, etc., lo cual me permite adaptar la paleta de herramientas al perfil de la misión.

—*En su opinión, ¿qué es lo que caracteriza al «buen coach»?*
—Tener experiencia en el mundo empresarial, a ser posible en uno o varios cargos de gerencia, para haber experimentado los efectos del poder, haber ajustado cuentas con él, haber hecho un trabajo personal sobre uno mismo, tener una buena cultura económica y una gran curiosidad, ser supervisado, haber experimentado rupturas y fracasos en la vida, tener claras las motivaciones para ejercer este oficio y conocer sus riesgos.

—¿Qué parte ocupa el coaching en su actividad profesional?
—Un 150 % aproximadamente. El resto del tiempo, escribo, recargo mis baterías y cultivo mi equilibrio personal y espiritual.

—¿Es usted miembro de alguna asociación profesional? En caso afirmativo, ¿de cuál y por qué?
—Sí, de la SF Coach. Son los únicos que tratan de valorizar el oficio y de reflexionar sobre su evolución. Al principio, estaba en contra, ya que soy muy independiente y nómada, y veía un aspecto casi militar en una estructura corporativista, pero fui a una reunión y me parecieron serios, sin tomarse a sí mismos en serio.

Desde hace uno o dos años, los coachs se multiplican más deprisa que las setas. Vemos aparecer verdaderamente procesos mercantiles, de los que hay que desconfiar. A menudo los candidatos no tienen medios para distinguir. Están ya en situación de crisis, y es una preocupación adicional no saber si el coach escogido es serio y lo bastante experimentado. Me pareció que sería saludable reconocer una baliza, un punto de referencia, y trabajar con ellos, aunque no soy un militante encarnizado de la «causa».

—¿Qué «herramientas» utiliza con mayor frecuencia?
—Especialmente la process communication, el análisis transaccional, el diálogo interior, la atención, la empatía, la benevolencia y el sentido común.

—¿Qué tipo de misiones de coaching realiza?
—Cubren cuatro grandes ámbitos.

- Superar las situaciones críticas:
— acelerar y vivir mejor una búsqueda de empleo;
— superar un momento crítico y recuperar un nivel de energía normal y correcto;
— sobrellevar un periodo de estrés intenso (por ejemplo: plan social para un director de recursos humanos);
— identificar las causas de un fracaso y superarlo «aprendiendo a tener éxito»;
— superar un despido y orientarse hacia un nuevo futuro.

- Desbloquear y desarrollar la relación:
— resolver los conflictos profesionales con los jefes, los colegas, los socios, los clientes, etc.;
— dirigir mejor al propio equipo, mejorar el carisma;
— crear o gestionar mejor las redes de relaciones.

- Mejorar el rendimiento:
— mejorar la comunicación interna y externa (medios de comunicación, conferencias...);
— vivir mejor la actividad profesional;
— aprender a escuchar;
— dominar el acto comercial y establecer un plan de prospección;
— aprender a gestionar el tiempo y a regalarse tiempo;
— adaptarse rápidamente a una nueva responsabilidad, a un nuevo ambiente.

- Dominar la orientación y la evolución:
— hacer balance sobre la propia carrera y determinar los puntos fuertes y ejes de progreso;
— recuperar el placer en el trabajo;
— determinar pistas de evolución y establecer un proyecto profesional planificado.

—*¿Por qué se habla tanto de coaching hoy en día?*
—Me encantaría saberlo. Opino que los recursos humanos funcionan en cierto modo por modas. Hace cinco años, era la empleabilidad, el *re-engineering*, la calidad total, el *outdoor*. Ahora es el coaching. Y esto es ampliado por los medios de comunicación, que se copian unos a otros y hallan sus ideas de temas en las revistas de prensa.

Pero, detrás del efecto de la moda, está el reconocimiento de los directivos, a los que les resulta cada vez más difícil adaptarse a un mundo cambiante y a unos objetivos cada vez más ambiciosos. Se les pide sin cesar que salten por encima del vacío, y sonriendo. Existe una necesidad de recursos en esos oficios en los que la gente trabaja con su personalidad como herramienta.

Existe un mejor reconocimiento de la emoción en la empresa. Ya no es vergonzoso buscar recursos en el exterior. Se reconoce que también los directivos pueden tener problemas.

Las expectativas de los ejecutivos frente a la empresa también incluyen que les ayude a crecer y a evolucionar en su comportamiento. Si esta se ha vuelto incapaz de garantizar la seguridad del empleo, al menos que el paso temporal por esa empresa contenga un valor añadido para el individuo en su evolución personal.

Eso es todo. Sólo son hipótesis...

—*¿Es el coaching una moda? ¿Cómo ve su evolución?*
—Es una moda, pero detrás hay una necesidad. Han cambiado las referencias. La gente necesita ayuda para hacer balance, y ya no la encuentra en sacerdotes o psicólogos. El que acude a visitar a un psicó-

logo se considera enfermo, quien acude a un coach va en busca de rendimiento, como un campeón.

El coaching permite resolver los problemas de forma operativa y en un plazo limitado, lo cual resulta coherente con una época que da prioridad a la satisfacción inmediata de las necesidades, aunque también constituye un límite del coaching. Hay que evitar vender resultados «envasados», perdiendo de vista que cada itinerario es individual y cada misión específica.

Creo que habrá coachs para las empresas, competentes en estrategia y organización, y coachs para la persona, más psicólogos. Creo que el coaching se aplicará a los campos del fracaso escolar, la pareja, etc. Es un proceso poderoso, que puede adaptarse a muchos ámbitos, tanto laborales como personales.

—¿Cuáles son los puntos clave de una misión de coaching? ¿Y los escollos?
—Podríamos escribir un libro solamente sobre eso. Para abreviar:
— la primera sesión;
— el establecimiento de la relación coach-coachee;
— la gestión del triángulo coach-coachee-empresa;
— el establecimiento del contrato;
— saber resistir a las demandas de la empresa;
— saber remitirse siempre al contrato;
— situar el límite entre coaching y terapia;
— respetar dicho límite;
— la transferencia y la contratransferencia;
— no convertirse en un salvador;
— guardar las distancias y no trabar amistad nunca con los clientes, aunque las relaciones sean excelentes; estas deben ser profesionales, es decir, centrarse en un objetivo;
— saber terminar una misión.

—Desde el punto de vista deontológico, ¿qué le parece importante?
—La confidencialidad, sobre todo cuando está en juego una empresa. La discreción, no soporto a esos coachs que sueltan los nombres de sus clientes un poco conocidos en las cenas. Ser supervisado. Gestionar la dimensión afectiva. Prometer sólo lo que se puede mantener. Ser sincero: si la cosa no funciona o no se consigue, decirlo.

—¿Ha tenido fracasos en coaching? ¿Por qué?
—Mis fracasos eran siempre o contratos mal establecidos o problemas de contratransferencia. Al principio, tendía a pensar demasiado en la demanda del cliente y a tratar de complacerle. O bien me cos-

taba rechazar un objetivo diciendo que era demasiado amplio para el marco del servicio. Aún necesitaba reconocimiento y lo buscaba en la mirada de mi cliente. Por eso, cuando la cosa no iba bien, o cuando tropezaba con perfiles de perseguidores, lo vivía mal y me lo tomaba de forma personal. La supervisión y la experiencia me han ayudado a librarme de esos defectos de juventud (aunque tengo otros muchos: defectos de madurez...).

—*¿Hay personas «incoachables»?*
—Sí, las que no tienen verdadera demanda.

—*¿Qué opina de la supervisión?*
—«Superindispensable». Soy supervisado por un psicólogo y superviso a otros coachs y a terapeutas. Hacer coaching sin supervisión es como pilotar un avión sin pasar nunca por el mantenimiento.

—*¿Qué puede esperar una empresa del coaching?*
—Una mejora rápida, estable y espectacular del rendimiento. En el caso de una situación insatisfactoria por ambas partes, hallar una respuesta personalizada a los problemas detectados y evitar su agravación y sus consecuencias (cuestionamiento, traslado, despido...). Alcanzar, por una inversión razonable, un objetivo compartido por la empresa y su colaborador gracias a una solución humana positiva.

—*¿Qué piensa del concepto de gerente coach?*
—Limitado: hay algo de verdad, pues un gerente ayuda a crecer a sus colaboradores. Pero la posición de gerente y la de coach son irreconciliables. El gerente está arriba, el coach es un nómada al margen de las jerarquías, que se sitúa en otra parte.

—*¿Desea abordar otro tema?*
—Me parece que es fácil trabajar a la vez para empresas y particulares. No comprendo demasiado a los profesionales que trabajan sólo con las empresas por motivos «éticos». Eso me recuerda el debate, durante años, en la profesión del *out*, que es mi profesión de origen. ¿Ética o *marketing*?

Lynne Burney, LKB Associates: «Reducir la distancia jerárquica»

«Para mí, el coaching es un proceso pedagógico centrado en el alumno para un posicionamiento en relación con uno o varios objetivos y con el autoconocimiento. Ello requiere una relación no jerárquica, mientras que en nuestro país la distancia jerárquica es vivida tradicionalmente desde la infancia. Por ello, su reducción está a menudo en contradicción con la cultura local y supone un reto para el coach.

»Tal vez también por ello el concepto de gerente coach presenta cierto interés. Hay que verlo como un estilo de gestión que reduce esa distancia jerárquica en el que el gerente —que ya no es el experto— se ocupa del desarrollo de sus colaboradores. Así pues, este concepto implica por parte del propio gerente un proceso de desarrollo personal.

»Dicho esto, hay que evitar caer en un esquema y una especie de manipulación que consistiría en decir: "¡Si la cosa no funciona con el palo, utilicemos el coaching!". El buen coach es una persona a la escucha de la otra que debe haber efectuado suficiente trabajo sobre sí misma para distinguir lo que es él de lo que no es. Al mismo tiempo, debe dominar las técnicas de cuestionamiento para aclarar los objetivos, el itinerario y sus etapas.

»Por supuesto, la supervisión resulta imprescindible para mantener la necesaria distancia. Creo que todo el mundo puede ser sometido a coaching, aunque no por cualquier coach. Cuando el cliente es una empresa, la persona a la que envía al coaching no siempre es voluntaria, y a veces acepta únicamente para no tener problemas.

»El coaching es particularmente adecuado para el desarrollo del rendimiento: preparar una reunión, poner a punto una presentación, gestionar una transición como pasar al tiempo parcial, ser ascendido o convertirse en gerente. El espejo que constituye el coaching permitirá distanciarse, volver a las raíces profundas.

»Cuando lo que está en juego no es la mejora del rendimiento, el coaching puede requerir mucho más tiempo, mientras que en general el contrato con la empresa se establece por tiempo limitado. A veces, ni siquiera es ya la herramienta apropiada.

»Mi origen neozelandés y mi experiencia en el deporte colectivo de alto nivel son una baza para el coaching de equipos: al enfoque anglosajón profundamente pragmático, orientado hacia el hacer, se añade el conocimiento del impacto positivo del estímulo, las felicitaciones y la confianza expresada para incrementar el rendimiento tanto de los jugadores como de los actores de la empresa. Por supuesto, ello no me dispensa de aplicar asimismo las técnicas adecuadas,[65] en particular para orientar al grupo hacia sus objetivos.

---

65. Lynne Burney es un profesional de la programación neurolingüística y de la hipnosis eriksoniana, administrador acreditado en Team Management Systems y profesor diplomado de yoga.

»Mis intervenciones, a menudo en beneficio de equipos multinacionales, se desarrollan en dos o tres jornadas, a las que se añade el tiempo de preparación y el de un eventual seguimiento. Representan más o menos un 40 % de mi actividad.

»La creación de una escuela de coaching es una nueva etapa de mi evolución. En un primer momento, se dirigía a personas ya formadas en la programación neurolingüística (PNL). Hoy en día, está abierta a las que, sin estar formadas en PNL, han seguido ya un proceso de desarrollo personal y tienen experiencia en el mundo de la empresa.

»El proceso pedagógico, en seis módulos, se basa esencialmente en la acción y su análisis, la conceptualización a partir de la experiencia y su generalización en términos de principios fundamentales del coaching, todo lo cual desemboca de nuevo en la acción.

»Cada módulo termina con una relajación guiada y, a partir del segundo, se abre con un *check-in*, que consiste en compartir en reunión plenaria las experiencias vividas desde el anterior módulo».

CATHERINE CAILLARD:
«SE REQUIERE UNA GRAN ANCHURA DE MIRAS»

«Evitar hacer del coaching una moda es un objetivo que suscribo plenamente. El coaching a la europea es un antimodelo en la medida en que permite al alumno hallar un sentido y una expresión a su pensamiento que les son propios. Frente a ello, todo lo que es organización corresponde a un modelo de funcionamiento. El coach no tiene eureka por expresar, a lo sumo puede ayudar al alumno a gritar eureka por sí mismo.

»Cuando el cliente es la empresa, lo cual es para mí el caso más frecuente, la relación de ayuda, habitualmente binaria, se enfrenta a la presencia de una tercera parte. Esta expresa, de forma más o menos clara, en nombre de los principios de eficacia que la rigen, una expectativa de recuperación de su inversión. Esta triangulación de una relación de ayuda en una demanda vinculada con el rendimiento de la contribución a un mundo mercantil es una dificultad del ejercicio de esta nueva profesión.

»En efecto, el coaching es un compromiso de medios, la promesa contractual de acompañar a una persona para ayudarle a reflexionar y a hallar soluciones, quizás a ponerlas en práctica, por ejemplo para una negociación.

»Los objetivos en sí nunca son formulados por escrito. Del mismo modo, todo informe es verbal, siempre con la autorización del coachee y a menudo expresado por él mismo.

»Mi compromiso es servir, en la medida de lo posible, a los intereses del coachee y de la empresa. Cuando aparece una divergencia, prima el interés del primero.

»Aproximadamente seis de cada diez misiones tienen como beneficiario al propio empresario. En el medio patronal, la vía del "boca-oreja" cumple una gran función en la elección del coach; ha sucedido incluso que fuese la mujer de un directivo hiperestresado quien tuviese el primer contacto conmigo, por sugerencia de una de sus amigas cuyo marido se había beneficiado de mi ayuda.

»No cabe duda de que el coaching tiende a difundirse en la jerarquía: los jóvenes diplomados de las grandes escuelas demandan mucho este acompañamiento, que les permite comprender mejor su ambiente y, en su caso, el efecto es espectacular y el progreso rápido. En otro registro, la crisis de los cuarenta años también da origen a ciertas misiones.

»El coaching, solución a un problema bien planteado, requiere una fase preparatoria: antes de reunirme con el coachee, identifico, durante dos o tres entrevistas, cuál es la demanda de la institución, y luego compruebo con él que la solución sea efectivamente competencia del coaching. El análisis de la propia demanda puede ser fuente de progreso y de éxito.

»Muy a menudo, la cuestión está en el presente: conflicto, preparación de reunión importante... Este anclaje en lo cotidiano, este vínculo directo con el rendimiento contribuyen al desarrollo del coaching en el continente.

»Una gran anchura de miras es un requisito previo para poner el pluralismo al servicio del individuo. Desde los años cincuenta, desde que pensamos en la sociedad industrial, han florecido múltiples técnicas de relación de ayuda. Muchas de ellas son accesibles a todo el mundo, como los productos en las estanterías de los supermercados. Su facilidad de utilización y retransmisión da rápidamente a quienes las emplean, así como a quienes se benefician de ellas, la sensación de una mayor comodidad.

»Frente a este mayor bienestar, algunos pueden pensar, tal como proclama la publicidad "¡que habría que estar loco para pagar más!", a riesgo de jugar a aprendices de brujo y de cometer errores humanos desconsiderados y considerables: el simple desplazamiento de un síntoma se acompaña del riesgo de verlo manifestarse en otra parte, sobre todo si el individuo es frágil.

»La falta de conciencia[66] de algunos en la relación de ayuda es pasmosa: siempre hay proyección, y esta debe oírse. El buen coach es

---

66. En el sentido de aptitud para conocer la propia realidad.

aquel que no vive en el disfrute y la ilusión de que es él quien aporta bien. Aunque esté lleno de buenas intenciones generosas, debe abstenerse de utilizar la transferencia con fines de disfrute personal.

»Por eso en particular la Sociedad Francesa de Coaching, de la que soy uno de los trece miembros fundadores, ha creado un proceso de titularización. Durante este, un jurado multidisciplinario tiene el objetivo de evaluar la calidad y la madurez profesional de los aspirantes. El reto es reconocer a quienes son conscientes de lo que hacen en esta relación de ayuda, más allá del dominio instrumental de una o varias técnicas.

»La Sociedad Francesa de Coaching es también, para mí que ejerzo en solitario[67] desde hace diez años, el lugar de una útil confrontación con los demás, frente al riesgo de convertirme en una gurú o considerarme una estrella... Por otra parte, en el seno del IFOD,[68] reflexiono sobre el contenido pedagógico del curso, para crear una dinámica de reflexión y evitar caer en la trampa de la fábrica de coach, demasiado modelizadora».

DANIÈLE DARMOUNI, INTERNATIONAL MOZAÏK: «EL COACHING PARA PENSAR Y ACTUAR DE OTRA FORMA»

«Para hacerse coach, me parece importante haber sabido atravesar rupturas profesionales, etapas de confusión y de pérdida de referencias, y después fases de transición, de búsqueda del sentido y, por último, de apertura y de reconstrucción a partir del nuevo aprendizaje. La experiencia de esta dinámica fundamenta el "peritaje" del coach y le permite proponer a sus clientes el proceso creativo en el que se hace posible el cambio.

»Mi formación inicial (economía y finanzas internacionales) me dirigió hacia la auditoría. Luego, tras la obtención de un diploma de psicología, me incorporé a la academia Accor, en 1982, para animar cursillos de dirección. Me sorprendieron los comentarios de los participantes, revisados más tarde: aunque habían apreciado mucho el cursillo en sí mismo, su transposición a la vida cotidiana les resultaba difícil. La impresión de desperdicio de medios y tiempo que saqué de

---

67. Catherine Caillard, psicóloga formada en Vincennes, tras una experiencia clínica, ha ejercido, durante diez años, diversas responsabilidades en recursos humanos, en el seno de empresas francesas y norteamericanas, entre ellas Apple y Hewlett Packard.

68. Véase en el capítulo «Hablan los coachs» el testimonio de Olivier Devillard, fundador del IFOD, centro de formación de coaching, pág. 86.

la experiencia me impulsó a proponer formación-acción y acciones de team building con equipos reales.

»Luego abandoné Accor para hacerme consultora externa.

»Hace unos diez años, con ocasión de intervenciones en operaciones difíciles de reorganización (de tipo *reengineering*), toqué los límites del acompañamiento del cambio colectivo. Entonces algunos de mis clientes me pidieron, en asociación con el acompañamiento de sus equipos, que les acompañase de forma individual. Enfrentados con retos vitales, aquellos directivos deseaban cumplir plenamente su función de palancas de cambio, es decir, empezar transformando sus prácticas para convertirse en un verdadero motor de cambio en el seno de la empresa, y no en un obstáculo.

»En aquella época, la creciente demanda de profesionales formados para la puesta en marcha del cambio con un enfoque "sistémico" dio origen a la creación en 1991, en el seno de la red Transformation, de una escuela que proponía cursos de las profesiones del cambio. Todos los profesores eran profesionales de la empresa; formamos a muchos de nuestros competidores, y al mismo tiempo mejoramos la calidad de los interventores. La escuela, verdadero laboratorio de estudios aplicados, era completada por universidades de verano.

»Hoy en día, la Escuela del Devenir forma parte de International Mozaïk, sociedad de asesoramiento y formación. Frente al desarrollo del coaching y la necesidad de asesores capaces de garantizar un acompañamiento profesional personalizado, creamos, a finales de 1997, cursos específicos para la función de coach individual y de coach de equipo.

»Como su propio nombre sugiere, International Mozaïk es una red en que cada persona pone su piedra para construir una "obra" con sentido. Es un conjunto de geometría variable que reúne a *seniors* y *juniors*, para proyectos operativos, agrupaciones y reflexiones comunes.

»Para nosotros, el coaching es una respuesta adaptada a los retos a los que se enfrenta la empresa, tales como innovación, reestructuración y mundialización, así como a la necesidad de "fidelizar" a colaboradores de alto potencial.

»Cambiar haciendo "más de lo mismo" resulta insuficiente, cada vez que se trata de pensar y actuar de otra forma para la empresa. Por eso el coaching, con sus facetas individual y colectiva, resulta particularmente adecuado para el cambio de las organizaciones.

»Desde el punto de vista individual, una persona utiliza el tiempo privilegiado del coaching para poner en coherencia "visión" y "acción" a fin de reducir la distancia entre el decir y el hacer. Para ella es un medio de ponerse en movimiento, responder a la pregunta "¿Qué me lo impide?", explorar las posibilidades, elegir e instalar una estrategia de éxito.

»Es una aventura que permite desarrollar cualidades y recursos de futuro a quien se pregunta en qué pueden transformarse sus capacidades de "éxito y fracaso" del pasado con el fin de construir su futuro, interrogación a la que el coach, como el alumno, no tiene respuesta a priori.

»Aunque es cierto que el coaching está en pleno desarrollo, le acechan dos peligros, el de la inflación y el de lo que he llamado el efecto Canadá dry: "Tiene el color del coaching y a menudo la apariencia, a veces incluso el nombre, sin tener su efecto", es decir, para quienes se benefician del cambio de su visión del mundo, de atreverse a más.

»A nosotros nos corresponde saber hacer, en el marco de la demanda de nuestros clientes, la parte de lo que puede ser tratado por asesoramiento, auditoría o formación. A nosotros, los profesionales del coaching, nos corresponde operar la aclaración necesaria para realizar ese trabajo en profundidad, ese replanteamiento de lo que ya se ha hecho con objeto de liberar la capacidad para actuar e innovar de nuestro cliente. Ese coaching, tal como lo entendemos, que le permitirá a la vez:

»— alcanzar el rendimiento que desea basándose en unos indicadores de resultados: puesta en marcha operativa;

»— implantar competencias de autorregulación para ir ajustando el proyecto: fuente de autonomía para el futuro;

»— desarrollar el potencial de autocreación: aprender a aprender.

»Todo ello es posible cuando el coach establece una relación de calidad con su cliente para co-construir con él el proceso que le permitirá superar una forma de pensamiento limitante y emprender las acciones nuevas apropiadas».

OLIVIER DEVILLARD, DIRECTOR DEL IFOD, COFUNDADOR DE LA SOCIEDAD FRANCESA DE COACHING: «EL COACHING DEBE PROFESIONALIZARSE»

«El coaching aspira al éxito del alumno. Tanto si se centra en una persona como en un equipo, tanto si trata de resolver un problema como de mejorar el rendimiento, su reto es siempre superar la situación actual.

»La práctica del coaching, bastante reciente en las empresas, tiene dos grandes raíces: una proviene del mundo deportivo, la otra del desarrollo personal. Este doble origen hace del coach a la vez un entrenador y un desarrollador. Además, su experiencia en el mundo empresarial le permite entender bien las problemáticas suscitadas.

»A través de los objetivos personales, profesionales u operativos de su cliente, el profesional estimula el desarrollo de la persona, el de su potencial o su autoridad. Orientado tanto hacia los aspectos de comportamiento como hacia la búsqueda del sentido o el alcance de los objetivos, analiza, en términos sistémicos, con el coachee, los mejores medios de dirigir la situación que origina la demanda de coaching.

»La escucha del coach se basa en varios canales de emisión que constituyen fuentes de información (discurso objetivo, comunicación no verbal, perfil, relación de implantación, marco de referencia, transmisión de energía), gracias a las cuales puede formarse su opinión y elaborar su plan de coaching. A continuación, favorece en su cliente tomas de conciencia y la apertura de nuevas perspectivas, apoyándose en el potencial de este más que tratando de reducir inhibiciones. Por ejemplo, en lugar de trabajar sobre el "yo negativo interno" que desconcentra al actor repitiéndole sin cesar la frasecita "No soy bueno cuando tomo la palabra", el coach le introduce en la vía de otra focalización que le desconecta de la primera: "¿Cómo haría comprender esto a mi auditorio?".

»A partir de su cuestionamiento mayéutico, Sócrates se consideraba un partero. Esa es una buena imagen del trabajo del coach. Sin destacar nunca ni creer que sabe en el lugar de otro (no es un asesor), el coach, mediante su cuestionamiento, favorece la expresión del talento y la seguridad que conlleva toda reflexión sobre las propias convicciones.

»La relativa intimidad que implica este proceso de coaching tiene como corolario la humildad del coach. A veces, querer coaching exige valor por parte del coachee en la medida en que puede hallarse frente a sus propios límites. Ello no resulta tan fácil y sólo es aceptable si el coach, consciente de esta dificultad, se mantiene en una posición de reserva y de neutralidad benévola. A estas cualidades se añaden dimensiones de discreción, de creatividad y de disponibilidad, sin omitir el sentido de la escucha, ya mencionado.

»Llegué al coaching, hace unos quince años, capitalizando una doble experiencia anterior: la de la empresa y la de la psicología clínica. A continuación, fundé el IFOD, Instituto de Formación para el Desarrollo, que dispensa cursos de coaching para asesores y formadores. La participación en la fundación de la Sociedad Francesa de Coaching, hace varios años, correspondió a la necesidad de elaborar para esta profesión una deontología colectiva a fin de no verla, con el tiempo, pervertida por charlatanes poco escrupulosos.

»Actualmente el coaching es estimulado por un efecto de moda. En breve plazo, se instalará en las prácticas corrientes de las empresas, y ello por tres motivos:

»— la toma de conciencia por parte de las empresas de que la búsqueda de rendimiento es posible y constituye una de las inversiones más rentables. ¡Hay cálculos que demuestran que la recuperación de la inversión se efectúa en dos meses!;

»— la creciente movilidad de los ejecutivos obliga a cada cual a ocuparse de su propia carrera, la cual se efectúa cada vez menos en la misma empresa;

»— el deseo de los responsables de ejercer al máximo su potencial y de hallar así una forma de placer profesional.

»El coaching abre una nueva perspectiva al permitir a las empresas desarrollar sus fuentes de recursos individuales en sus colaboradores. La propia dinámica de equipo es, para la empresa, una fuente de productividad global y completa que encierra tanta reserva de movilización como el coaching individual, y merece por ello explotarse mucho mejor.[69]

»En contrapartida, la actual moda del coaching presenta inconvenientes. Son muchos los que se autodenominan coachs, y existe el riesgo de perder la visión específica de lo que puede aportar esta nueva disciplina. En efecto, resulta imprescindible distinguirla de otras prácticas como la formación, la tutoría, el asesoramiento o el desarrollo personal.

»Es cierto que todas presentan como objetivo mejorar la aplicación de las competencias y la búsqueda del rendimiento basándose en métodos comprobados y reglas de eficacia; lo que el coaching añade ya no se relaciona con estas bases imprescindibles, sino con la utilización del talento personal o de capacidades innatas para añadir una forma de excelencia.

»La moda actual ha impulsado a algunos a desarrollar un concepto híbrido que mezcla dos funciones y puede provocar la dilución de papeles que merecen en cada caso un lugar específico. Para nosotros la expresión *gerente coach* requiere dos observaciones:

»— para ser un buen coach, es mejor estar fuera del sistema de juego. En los deportes de grupo, el coach está sentado en el banquillo y no marca goles. Precisamente esta diferencia de posición le permite ejercer la totalidad de su función. El gerente (como el capitán de un equipo deportivo) está en el sistema y debe concentrar la totalidad de su interés en el objetivo; pedirle que también sea coach le llevaría a ser al mismo tiempo juez y parte. No lo mezclemos todo, ¡dejémosle su función de capitán!;

»— en contrapartida, hay que reconocer que se perfila una interesante evolución de la dirección bajo esta denominación impropia, a saber, la misión del gerente de desarrollar su equipo.

69. Olivier Devillard es el autor de *La dynamique des équipes* publicado en mayo de 2000 por Éditions d'Organisation, París (ganador del premio Manpower de las obras de recursos humanos), y de *Coacher*, publicado en marzo de 2001 por Éditions Dunod, París.

»Cabe distinguir varias formas de coaching profesional:

»— el coaching de resolución, que trata de mejorar una problemática que dificulta el ejercicio profesional;

»— el coaching de desarrollo, que, como su propio nombre indica, aspira al desarrollo del potencial humano;

»— el coaching estratégico, cuyo objetivo es la gestión del cambio o la de una situación determinada (reunión o comunicación importante, reorganización, negociación, táctica de acción, etc.). Este tipo de coaching consiste en incorporar, durante un tiempo de distanciamiento, a un ego-auxiliar del propio trabajo de reflexión que no sea ni un superior jerárquico, ni un colaborador, ni un igual. Se conoce, por experiencias científicas llamadas de coacción y realizadas en psicología social, la eficacia de la labor de investigación entre dos. Entre otras ventajas, es uno de los fundamentos del coaching.

»Además del coaching de la persona existe un coaching del equipo que, por su parte, se focaliza en la cohesión, identidad colectiva, interacciones, sinergias y sistemas de acción. Persigue los mismos fines que el coaching de la persona: lograr que surja el potencial y estimular y mantener la dinámica. Esta clase de coaching requiere unos conocimientos prácticos de psicología social para captar relaciones de poder, fenómenos de grupo y condiciones de la cohesión humana o técnica.

»El coaching de resolución se basa en dos puntos clave: la demanda explícita y la demanda latente. La primera, la demanda explícita, constituye el objetivo: "Quisiera un método de dirección para que me obedeciesen mejor". Esta necesidad provoca la demanda. No obstante, cabe imaginar que el patrón de la pyme que la formula no debe encontrar esta dificultad sólo con sus colaboradores. Tal vez la experimenta también con algunos clientes, proveedores u otros. En realidad, una demanda explícita formulada puede ocultar una demanda más profunda no formulada. Se denomina latente y a menudo resulta ser la fuente de la anterior. En este ejemplo, es del tipo "Quisiera tener más autoridad". En tal caso, a menos que se recurra a recetas autoritarias o intimidadoras que todo patrón puede emplear, puede ser necesario descender al encadenamiento de las causas que han llevado a este directivo a una deficiencia de expresión de la autoridad, para liberarse de esta cadena y elaborar una nueva forma de funcionamiento.

»La distinción entre coaching de resolución y terapia es una cuestión frecuentemente planteada que puede tener como respuesta una imagen simple, aunque esquemática: el coaching se dirige a la forma de ser en una situación profesional puntual ("No consigo hablar con mi jefe"), mientras que la terapia es un trabajo sobre la estructura psíquica que provoca una timidez general particularmente inhibidora. Hay entre los dos enfoques una diferencia de naturaleza, de grado y de métodos.

»Otro rasgo específico del coaching consiste en que el cliente es doble: el individuo y la empresa, lo cual implica la necesidad de llevar el coaching en el interés global del sistema, es decir, de los dos clientes; para ello, el coach debe distinguir los dos tipos de necesidades y, si no convergen, buscar su punto de articulación. Al contrario del desarrollo personal, que está abierto a todos, no todo el mundo puede hacer coaching de resolución. Existen cinco criterios para aceptar una misión de coaching:

»— el cliente debe tener una buena comprensión de la situación, que es la suya;

»— dar prueba de una inteligencia sensible y no sólo de capacidades racionales;

»— poder establecer un vínculo entre su pasado y presente;

»— ser apto para instaurar una buena relación con los demás;

»— tener una demanda real y urgente (la importancia del nivel de demanda condiciona la energía movilizada para la resolución).

»Como vemos a través de los diversos puntos tratados brevemente aquí, el coaching es una profesión, nueva y exigente. Aún debe profesionalizarse en sus distintas modalidades. Esperemos que coachs y empresas sepan reservar el lugar que merecen al desarrollo de los recursos individuales y de la eficacia colectiva».

SYLVIE DE FRÉMICOURT, DIRECTORA DEL DEPARTAMENTO DE COACHING DE ALTEDIA RESSOURCES HUMAINES: «MÁS VALE UN BUEN COACH CON MALAS HERRAMIENTAS QUE LO CONTRARIO»

«Después de siete años en el mundo de la empresa, evolucioné hacia el asesoramiento hace doce años, en primer lugar, en la contratación directa y, a continuación, en la gestión de carreras profesionales y el coaching durante seis años (Garon Bonvalot). Me incorporé a Altedia hace un año.

»Para ejercer esta profesión, enriquecí mi formación ESC y MBA (Master of Business Administration) inicial con la adquisición de herramientas[70] como PNL, grafología, AT, MBTI, process communication...

»Mientras que, hace unos años, los coachs se enfrentaban en distintas escuelas, me parece que hoy en día hay, al menos a nivel lingüístico, un acuerdo bastante amplio sobre la definición del coaching. Segura-

---

70. Véase la tercera parte del libro, «Herramientas», pág. 141.

mente se relaciona con el número de artículos sobre el tema, así como con la función de la SF Coach.[71] Asimismo, pienso que las misiones relativas a disfunciones, "brazos rotos", son mucho menos frecuentes. Hoy en día el 90 % de nuestros alumnos son personas de excelente nivel que tienen grandes retos.

»Trabajo sobre talleres globales para los que el coaching es el acompañamiento comportamental del cambio. Las personas son el valor añadido y nuestra acción puede ser individual o colectiva. Este acompañamiento se dirige más bien a personas por las que se apuesta.

»Aunque la imagen de Altedia, llevada por Raymond Soubie, su presidente, es excelente, la confianza que da la empresa al coach sigue siendo primordial.

»Para ser un "buen coach", es necesario:

»• Reunir una madurez real asentada en un equilibrio personal y profesional.

»• Contar con un distanciamiento suficiente en términos de visión global, por un lado, y con respecto a la afectividad, por otro.

»• No proyectarse ni juzgar.

»• Tener cuidado con el triángulo infernal.[72] La posición del coach resulta paradójica ya que se le exige que sea a la vez:
»— enfático, de escucha completa, conceptual, impertinente, para molestar, alumbrar y ayudar a avanzar;
»— pragmático y focalizado en un objetivo claro, limitado en el tiempo y observable.

»Para nosotros, una misión de coaching pasa por tres etapas clave:

»1. El precoaching tiene el objetivo de establecer un diagnóstico en cuatro dimensiones:
»— ¿cómo se ve y se quiere la persona en su función, con qué coherencia?;
»— algunos test específicos (aproximadamente tres, escogidos entre una decena) para hacer hablar a una parte "no consciente" de la persona;

---

71. Véase la pág. 65.
72. Se trata de la relación perseguidor-víctima-salvador, descrita por Stephen B. Karpman en su triángulo dramático.

»— entrevista de la persona que da la orden (n+1, director de recursos humanos, u otro) para saber, tanto en cuanto a lo que se dice como a lo que no se dice, lo que la empresa espera de la persona: función, dependencia, misiones, resultados;

»— la mirada de los demás constituye la cuarta dimensión. Es más delicada de recoger, ya que se sitúa dentro de lo confidencial, y este enfoque está lejos de haber entrado en las costumbres. Puede adoptar la forma de un 360° feedback[73] (preguntas cerradas formuladas a una decena de colaboradores de la empresa sobre su percepción del alumno) o de un 125°, que he creado en forma de preguntas abiertas a cuatro o cinco personas.

»El análisis de las divergencias entre las distintas informaciones permitirá perfeccionar el diagnóstico.

»2. El coaching propiamente dicho sucede al precoaching. Se ejerce sobre un número limitado de objetivos de trabajo, en general tres, que forman parte del contrato moral con el coachee. Según las misiones, se refieren a:

»— la táctica;

»— la comunicación bajo distintas formas;

»— la dirección sobre los actos o sobre el estilo;

»— los valores con un componente más psicológico.

IMPORTANTE

La posición del coach hace necesario el dominio de diversas técnicas, aunque más vale un buen coach con malas herramientas que un mal coach con buenas herramientas.

»3. Un feedback tripartito que reúne a coach, coachee y cliente cierra la misión. Por supuesto, cumple unas estrictas reglas de confidencialidad.

»Hoy en día, el equipo de coaching de Altedia reúne a especialistas en coaching y expertos en herramientas de desarrollo y autoconocimiento, y apela a veces a la complementariedad de competencias externas. Para ciertas misiones, la variedad de experiencias y formaciones permite jugar con las complementariedades de enfoques, en efecto más completas.

---

73. Véase la tercera parte del libro, «Herramientas», pág. 141.

»La supervisión, que es una necesidad en esta profesión, reviste una doble forma:

»— individual a través de coachs externos;

»— colectiva dentro del equipo. Exige de los participantes que sean maduros para aceptar el cuestionamiento. Con esta condición, cada cual se enriquece escuchando a los demás».

FRANCIS GIRARD, LEROY CONSULTANTS: «EL COACH ES UN BUSCADOR DE ORO»

«Llegué al coaching a través del asesoramiento sobre evolución profesional, que llevo practicando diez años:[74] el asesoramiento sobre outplacement incluía una garantía de un año, en el cual seguía la integración del alumno en su nuevo puesto, a razón de una cita mensual.

»Por recomendación de un asesor de Leroy, se estructuró esta primera experiencia del coaching en el IFOD,[75] formación accesible, puesto que ya había hecho un trabajo sobre mí mismo. Esta formación en grupo reducido, durante un periodo de un año, se organiza en torno a cuatro polos:[76] psicoanálisis, bioenergía, AT (análisis transaccional) y sistémica. Entre los numerosos beneficios que obtuve, citaré el desarrollo de la escucha y de la aptitud para trabajar sobre los procesos.

»Para nosotros, el coaching es el acompañamiento de directivos, en el sentido amplio de la palabra, es decir, en situación de dirección jerárquica o transversal (en particular, control de proyectos), para que incrementen su capacidad de tener éxito, a largo plazo, en sus relaciones, y optimicen así el ejercicio de sus responsabilidades.

»Es un proceso de progreso que se aplica particularmente con ocasión del acceso a un cargo, para un proyecto específico o para favorecer el desarrollo de las competencias. Es objeto de un contrato tripartito entre la empresa, el beneficiario y el consultor. Se establece un "contrato genérico" al principio de la misión después de que la empresa haya recordado, ante el coachee, lo que espera de él y de que este haya señalado la comprensión que tiene de la misma. Se garantiza al coachee una estricta confidencialidad.

---

74. Francis Girard, tras una doble formación (tercer ciclo de letras y ciencias del lenguaje – DESS en ciencias de la información), ejerció durante doce años responsabilidades de dirección, asesoramiento, formación, estudios y *marketing* en el campo de los sistemas de información. Se incorporó a Leroy consultants en 1990.

75. Véase en el capítulo «Hablan los coachs» el testimonio de Olivier Devillard, fundador del IFOD, pág. 86.

76. Véase la tercera parte, «Herramientas», pág. 141.

»Cada sesión se abre con la revisión de lo que el coachee ha conseguido desde la anterior. Ello permite precisar, en un contrato específico entre el ejecutivo y su coach, el campo y el tema de la entrevista siguiente, sobre los que versará el trabajo.

»Al final de la sesión se formula una conclusión de avance referida al contrato genérico.

»Mis "herramientas" son las que he adquirido por formación y experiencia, en especial:

»— la escucha activa;

»— la semántica general;

»— las claves de comprensión psicoanalítica, con precaución;

»— el enfoque paradójico de la escuela de Palo Alto;

»— el *provocative* coaching, de origen estadounidense, que introduce humor en el método;

»— la metáfora y la analogía;

»— la metacomunicación;

»— y, cuando se trata de estrategia, la sociodinámica y el juego de go.

»Lo que hace al buen coach es, en primer lugar, la escucha asociada con una gran capacidad de reformulación. Es importante que sus referencias sean muy diversificadas, es decir, que su experiencia profesional sea lo más amplia posible. Por supuesto, debe haber recibido formación sobre coaching y haber efectuado un trabajo de desarrollo personal.

»Por su mayéutica, el coach es un buscador de oro: debe estar convencido de que la persona que está frente a él tiene la solución y de que su función es solamente ayudarle a acceder a ella, sabiendo que entonces ella misma la revelará. En otras palabras, "el otro sabe mejor que yo lo que es bueno para él, aunque debe descubrirlo". Para ello, el coach necesita capacidad de provocar, enfrentarse con el otro, no para desestabilizarlo, sino para ayudarle a salir del marco, a distanciarse. Aunque no tiene por qué ser simpático, sí debe ser empático.

»Asimismo, es importante que sepa distinguir enseguida si su interlocutor es "incoachable", lo cual es poco frecuente: en mi opinión, responden a esta definición los que no desean cambiar o las personalidades que requieren enfoques necesariamente terapéuticos.

»Distanciarse con respecto a la propia práctica es, para el coach, una necesidad a la que responde la supervisión. A ello se añaden en nuestro caso unos grupos internos de intercambio de prácticas, propicios para una fructífera confrontación. La veintena de coachs de Leroy ejerce también el asesoramiento sobre la carrera profesional, es decir, sobre outplacement o movilidad interna. Mientras que el asesoramiento requiere la escucha del contenido, el coaching necesita una enorme inversión en la escucha del proceso.

»El coaching representa hoy en día los dos tercios de mi actividad. A título personal, soy miembro de la SF Coach.[77] Por otra parte, represento a Leroy consultants en la comisión de coaching del Syntec[78] Conseils en Évolution Professionnelle, que ha redactado un código deontológico del coaching al que hacen referencia los consultorios miembros. Ello responde a mi necesidad de reunirme con colegas, intercambiar, aprender y comparar mis prácticas».

BERNARD HÉVIN, LE DÔJÔ:[79]
«UN MODELO TEÓRICO PARA EL COACHING»

«¡El coaching podría ser una botella vacía en la que se mete lo que se quiere!

»Digamos que es el acompañamiento de una persona por parte de un profesional del cambio. Hay un desconocimiento de lo que es el coaching en sí y para sí. Para Le DôJô, el coaching se inscribe en el modelo creado por Frédéric Hudson:[80] del proyecto profesional al proyecto de vida.[81] Este amplio enfoque se dirige a una necesidad profunda, más fuerte cuanto más responsable sea la persona.

»Es una búsqueda de sentido, una especie de espiritualidad laica que se dirige al individuo que, ante la pregunta "¿Por qué corre y trabaja como un loco?", ofrece como única respuesta: "No lo sé, pero quisiera que los que trabajan conmigo me siguiesen aunque no sepa dónde voy".

»Los periodistas, siempre ávidos de novedad, contribuyen ampliamente a hacer del coaching una moda, junto a aquellos, consultores de todo tipo o formadores, que toman sólo la etiqueta del mismo.

»En cambio, el coaching corresponde a una necesidad real de las organizaciones: las empresas se han dado cuenta de los límites de las técnicas a su disposición, como la formación.

77. Véase la pág. 65.

78. El sindicato Syntec des Conseils en Évolution Professionnelle —antigua Ascorep— es uno de los cinco sindicatos del Groupement des Syndicats Syntec des Études et du Conseil (GSSEC), miembro fundador de la Federación Syntec.

79. Le Dôjô, fundado en 1990, se posiciona como especialista en desarrollo personal y profesional. Agrupa a 15 interventores-formadores, especialistas en formación y asesoramiento en el campo de las relaciones humanas. Este equipo interviene, en particular, en los estudios para la obtención del diploma de coaching.

80. Frédéric Hudson fundó en 1986, en Estados Unidos, The Hudson Institute, lugar de formación para el coaching.

81. Janet Turner y Bernard Hévin publicaron en el año 2000 *Construire sa vie adulte*, Interéditions, París, que presenta el modelo de coaching que enseñan.

»Al margen de algunas intervenciones puntuales, el coaching es para nosotros una relación que se inscribe a largo plazo —digamos un año, e incluso varios años— y no en respuesta a una llamada de auxilio... Sin embargo, es cierto que el que viene a vernos para un coaching individual llega a menudo con la idea: "Si vengo a ver a un coach, es que hay problemas".

»La pregunta que hay que hacerle es: "¿Cómo actúa cuando tiene éxito?", para ayudarle a modelizar sus éxitos.

»Aunque el beneficiario no entienda lo que ocurre en el coaching, este es tiempo para uno mismo, para ver más claro y tomar decisiones. Toda misión de coaching pasa por la definición de un proyecto y de objetivos operativos.

»Nuestros clientes son o bien los propios particulares, o bien la empresa. Aunque el contrato se firma con esta, corresponde al coachee decirle a su jerarquía lo que quiere. Esta regla de confidencialidad imperativa para nosotros constituye un límite para el coaching interno, al igual que la dificultad de hablar de problemas exteriores y ajenos a la empresa.

»En cuanto al gerente coach, ¿cómo van a encontrar, los que no lo tienen para dirigir, tiempo para hacer coaching?

»Aunque a menudo utilizan herramientas próximas, coaching y terapia son distintos uno de otra; difieren en sus opciones, finalidades y objetivos: la terapia explora el pasado para mejorar el presente, mientras que el coaching, relación de ayuda, se inscribe dentro del presente-futuro, en las dificultades banales de la vida cotidiana. Del mismo modo, el coaching no tiene más de consejo que de formación individual.

»Para Le Dôjô, el buen coach debe:

»— poder remitirse a un modelo disciplinario construido en un campo teórico y dominar las competencias que han salido del mismo;

»— añadir a este modelo para descodificar aptitudes de relación para escuchar, preguntar, desarrollar la empatía y acompañar.

»A la inversa del ámbito deportivo, no es necesario que el coach conozca la técnica de la persona a la que acompaña.

»Creemos que en nuestro país hay pocos modelos teóricos de coaching, y a la inversa, aplicación frecuente de unas herramientas inapropiadas. Cabe señalar que el coaching de rendimiento puede prescindir de modelo disciplinario.

»Por supuesto, de poco sirve la teoría sin la práctica, y con la experiencia se adquiere la necesaria eficacia. También gracias a la imprescindible supervisión, lugar de vuelta a las raíces profundas, de actualización de la transferencia y de la contratransferencia, el coach aclara su posición para permanecer disponible para el otro.

»Además del coaching individual, practicamos también:

»— coaching de equipo: acompañamiento de un conjunto de personas de una misma empresa en el marco de un proyecto común. Para ellas, el coaching pasa por el reconocimiento de sus valores y del lugar de su proyecto en el de la empresa, así como por expresar y compartir sus objetivos individuales;

»— coaching de grupo, destinado a personas pertenecientes a equipos diferentes. Cada uno de los casos expuestos resulta útil para los miembros presentes y el animador aporta su visión iluminadora».

BERTRAND LECOEUR,[82] ANNY LELIÈVRE DU BROEUILLE, BRUNO BOULANGER, SYNAPSIS:
«LA FUERZA DEL COACH DEPENDE DE SU CAPACIDAD PARA NO PRETENDER NUNCA MÁS QUE EL PROPIO COACHEE»

El coaching individual

«El coaching es una metodología de acompañamiento que se distingue claramente del asesoramiento. Hay tanta diferencia entre ellos como entre dar un pescado, cosa que es competencia del asesoramiento, y enseñar a pescar, competencia del coaching. Frente a la alternativa, el coach se inscribe de forma muy clara dentro de la segunda propuesta, permitiéndose, en ciertas circunstancias, ofrecer aportaciones prácticas o teóricas.

»Lo que es esencial en un acompañamiento de tipo coaching es la convicción de que la solución pertenece al beneficiario del mismo. Sólo él sabe lo que es bueno para él. El coach le ayudará simplemente a ponerse (o volver a ponerse) en contacto con el poder que hay en sí mismo y a dar sentido a su acción.

»El coaching individual interviene frente a tres grandes demandas:

»— desarrollo personal y comunicación;

»— estrategia de carrera profesional;

»— dirección y liderazgo.

»En realidad, comprobamos que la demanda de coaching es casi siempre compuesta, pluridimensional y, como tal, necesita un tratamiento sistémico. El coaching también puede, si procede, asociarse con

---

82. Bertrand Lecoeur (cofundador de Synapsis), Anny Lelièvre du Broeuille y Bruno Boulanger componen el equipo de coachs Synapsis. Garantizan la dirección de las misiones de coaching y de outplacement de los ejecutivos, ejecutivos superiores y directivos. En inteligencia de situación, el acompañamiento del beneficiario es garantizado sistemáticamente por al menos dos de ellos, en función de los polos de excelencia útiles para el cliente: estrategia, comunicación y relaciones, evaluación, dirección y liderazgo.

una acción de formación, si una formación de tipo técnico puede contribuir a dar fuerza al desarrollo del coachee.

»El coach puede hallarse enfrentado con situaciones de urgencia frente a las cuales tiene que optar por una intervención directiva, so pena de "no asistencia a persona en peligro". Así, puede ocurrir que la urgencia o la gravedad se hallen vinculadas a una necesidad de terapia. En tal caso, es deseable identificarla lo antes posible. El coach dirá claramente que el acompañamiento terapéutico no es competencia suya, y en algunos casos aconsejará el uso del mismo. En efecto, nunca solicitamos lo íntimo. Lo escuchamos y lo acogemos si llega, pero evitamos hacer retroceder a la persona.

»Lo que se juega en la relación entre el coach y su cliente es el trabajo sobre el aquí y ahora, en la perspectiva del futuro. Así, las preguntas "¿cómo?", "¿con quién?" y "¿para qué?" se preferirán siempre a la pregunta "¿por qué?", que, por su parte, hace referencia a un pasado a menudo lejano. Si escogiera esta última opción, el coach se deslizaría en una función de terapeuta que no es la suya y que su competencia le impide realizar.

»La frontera entre coaching y terapia es a veces sutil, pero perfectamente identificable. No podría haber confusión.

»Es fundamental hacer un contrato, a fin de poder remitirse al mismo a lo largo de todo el acompañamiento. En el coaching individual, el contrato es generalmente tripartito, es decir, que compromete al coach, al coachee y a su empresa.

»¿Cuáles son sus objetivos?

»¿Cuáles son las necesidades reales del señor X enviado por la empresa Y?

»¿Cuál es la demanda?

»El caso es que muy a menudo la empresa no lo sabe con exactitud o simplemente observa un problema a veces mal identificado, un síntoma. La percepción de la empresa será útil para la elaboración del contrato, pero al final les corresponde al coach y a su verdadero cliente, el coachee, definir contractualmente los términos del acompañamiento y los objetivos a los que sirve.

»En Synapsis, la elaboración de un contrato está precedida por una o dos entrevistas con el beneficiario del coaching, para descubrir y definir con él su necesidad, que muy a menudo no es única, así como su demanda específica frente al coach, tanto en términos de contenido como de proceso. Sólo después de esta fase previa las partes pueden comprometerse sobre un contrato de objetivos establecido conjuntamente.

»En nuestra opinión, para llegar a ser coach, es necesario querer ser un barquero, un partero. Esta condición inicial corresponde seguramente a una disposición profunda de la persona del coach.

»Mientras que el consultor clásico aporta consejos, opiniones y recomendaciones, el que practica el coaching abandona el poder y, salvo excepciones (urgencia, necesidad de resolver un problema técnico bloqueante), renuncia "a sustituir"... La fuerza del coach depende de su capacidad para no pretender nunca más que su cliente, y sobre todo, de su convicción de que el poder pertenece a su cliente. Cuando aparece el deseo de llevar a alguien a algún sitio, de hacerle cambiar aunque no quiera, la relación pierde calidad y equilibrio. En suma, la renuncia a la omnipotencia es para el coach el requisito previo para el despliegue de su eficiencia.

»Para el coach, la práctica del coaching es una línea de encuentro ideal entre el interés por uno mismo y el interés por el otro. En efecto, el interés por el otro, el reconocimiento incondicional de su valor, dependen del aprecio que el coach siente por sí mismo, de su segura identidad.

»La amplia y diversa experiencia de los coachs de Synapsis permite hacerles intervenir en doble mando (dos coachs, uno de los cuales controla) cada vez que resulta útil, cada uno en su ámbito de mejor competencia. Observamos que una dificultad profesional raramente tiene una sola causa. Tanto si se relaciona con un posicionamiento interpersonal como con una falta de técnica, una visión por desarrollar o una estrategia de carrera por construir, la dificultad profesional enmascara un sistema complejo que tratamos como tal. El contrato de coaching se basa a menudo en unos objetivos que apelan a varios polos de excelencia. El acompañamiento en doble mando representa para nosotros el medio para movilizar varios sistemas de representación, que ayudarán al alumno a enriquecer la visión y la comprensión de su realidad.

»En la actividad de outplacement que también ejercemos, la intervención es doble:

»— intervención desde el punto de vista del asesoramiento. El consultor interviene para el *marketing* de comunicación y la elaboración de herramientas apropiadas: currículum vítae, cartas de candidatura, respuesta a anuncios, ofertas de servicios, movilización de la red, etc.;

»— intervención desde el punto de vista del coaching. La lógica que preside ahora el desarrollo de una vida profesional es cíclica y ya no lineal. La pérdida de un empleo conlleva, además, el final de un capítulo de la vida (con su parte de duelo que cumplir) y la apertura de un nuevo capítulo que imaginar y construir. Para ello, ayudamos a nuestro cliente a recrear su identidad profesional examinando los valores que cuentan para él, los valores a los que ha servido hasta el momento y los valores emergentes. Le ayudamos a modificar, alterar o elaborar su estrategia de reubicación profesional, a hallar la adecuación entre su ritmo personal y los de los ambientes económicos en los que prevé integrarse.

»En suma, el outplacement es una de las múltiples entradas del coaching. Entre el asesoramiento y el coaching, el arte del coach-outplacer consiste en reconocer esa ambigüedad y en transformarla en dinámica de cambio para su cliente».

El coaching colectivo

«Tal como lo practicamos, el coaching colectivo adopta varias formas según la necesidad expresada por la empresa y el contexto que le es propio. No obstante, existe un punto común a todas las variedades del coaching colectivo: el acompañamiento del cambio.

»Más que un vehículo del cambio institucional, el coaching colectivo representa un medio eficaz para hacer a los equipos actores de su desarrollo y motores en el proceso del cambio. Además, les propone un marco permanente de referencia y acción que les permite acoger el cambio futuro, y por lo tanto anticiparse a él.

»En ciertos casos, el coaching colectivo actúa para desarrollar, a largo plazo, la práctica directiva de los ejecutivos de una empresa a través de un "proceso de dirección". Nuestra intervención, estructurada mediante unas herramientas específicas y rigurosas, consiste en llevar a cada uno de los participantes a construir, paso a paso, su autonomía. Para ello, el participante ejerce su reflexión frente a situaciones vividas, comparte colectivamente sus reflexiones y descubrimientos, y luego experimenta prácticas y herramientas nuevas en su vida cotidiana profesional. De paso, esta estrategia de desarrollo garantiza el enriquecimiento mutuo de los participantes y la cohesión del grupo.

»En estos procesos colectivos, la principal función del coach es garantizar la construcción de la identidad directiva de cada uno de los participantes. Sin tratar de brillar, el coach permite a cada cual expresarse y experimentar, garantizándole las protecciones imprescindibles para la expresión de su creatividad: crítica prohibida, confidencialidad e intercambio sin limitación.

»Puesto que se forja a largo plazo (unos cinco meses), el resultado que observa la empresa es la transformación de la actitud de sus directivos más que un simple cambio comportamental. Al guiar atentamente el proceso, el coach juega en dos tableros:

»— la profesionalización del cargo de directivo;

»— la emergencia de valores comunes y la consideración activa del otro.

»En otros casos, nuestra intervención consiste en acompañar a un equipo de dirección, por ejemplo en la elaboración y aplicación del proyecto estratégico de la empresa. También en este caso, ponemos en acción unas herramientas rigurosas cuya finalidad es a la vez múltiple y complementaria:

»— contribuir a reforzar la cohesión del equipo de dirección actuando en su forma de comunicación operativa;

»— permitir que la visión colectiva tome cuerpo de forma consensual;

»— favorecer las condiciones de su desmultiplicación en los distintos niveles de la empresa.

»El contrato que firmamos con los miembros de un equipo de dirección garantiza a este que se cumplirá efectivamente el objetivo final. Para que el proyecto estratégico de la empresa no quede como letra muerta, ayudamos al equipo de dirección a proveerse de los medios de difusión del proyecto en el conjunto del cuerpo social de la empresa.

»Es lógico distinguir el coaching individual del coaching colectivo. No obstante, sería desconocer la fuerza de uno y otro negar el efecto reforzante que el uno puede tener en el otro. Así, ayudar a un directivo o a un gerente a construir un equipo eficiente (coaching colectivo) puede ser considerablemente reforzado por un acompañamiento individual de dicho directivo *(shadow consulting)*.

»El coaching individual permite al directivo, desde el punto de vista de su desarrollo profesional, construir una reflexión sobre su capacidad y deseo de cambio, sobre sus valores, estrategia, prácticas directivas, y sobre los medios que debe utilizar para realizar un cambio duradero. Desde el punto de vista de una acción colectiva, ofrece al directivo y al coach la oportunidad de crear una alianza entre ellos y, por consiguiente, de preparar y anticiparse mejor a las sesiones de grupo.

»El resultado de estas acciones combinadas se materializa, por último, en una mayor eficiencia del trabajo colectivo, una optimización de los plazos y ritmos de intervención, una mayor cohesión del equipo y un refuerzo de la legitimidad del directivo en su posición de líder».

VINCENT LENHARDT,[83] PRESIDENTE DE TRANSFORMANCE: «EL BUEN COACH ES ALGUIEN QUE SE HA LIMPIADO LAS GAFAS»

«Nuestra visión de la empresa es la de un sistema vivo que pretende estar vivo, ser inteligente y aprender, cuyos actores y equipos directivos

83. Vincent Lenhardt, HEC y MBA (universidad de Chicago), es también doctor en psicología. Ha ejercido como psicoterapeuta durante veinte años y es presidente de la Asociación Europea de Análisis Transaccional. Es autor de *Les responsables porteurs de sens*, INSEP, París, 1992, y de *Engagements, espoirs, rêves*, Village mondial, París, 1999.

descubren y construyen la finalidad, así como las capacidades necesarias para alcanzarla. La complejidad ambiental dificulta esta emocionante labor y requiere la movilización de todas las inteligencias y voluntades de la empresa. Por ello, en nuestra opinión, es importante favorecer el desarrollo de la inteligencia colectiva mediante la aplicación de procesos de aprendizaje y suscitar la cohesión de los equipos en una dinámica de actores interconectados, en alianza en torno a una visión compartida.

»El coaching y el team building constituyen palancas de este paso a la inteligencia colectiva. Gracias a nuestra experiencia y a nuestros conocimientos de desarrollo profesional individual (coaching) y de cohesión de equipos (team building), nuestra intervención tiene lugar en situaciones con individuos, equipos y conjuntos de equipos.

»Es una actividad más bien de carácter artesanal que tiene el fin de reunir, mediante un acompañamiento a medida, las condiciones que permiten a cada individuo crear su solución. No existe una metodología fija: se trata, ante todo, de escuchar y comprender la complejidad sistémica para crear las condiciones del cambio.

»La transformación de las actitudes pasa en primer lugar por el directivo. Gracias a un acompañamiento a largo plazo él mismo se transformará en hombre-recurso para sus colaboradores, mientras que antes estaba encerrado casi siempre en una función de impartidor de órdenes o de hombre-solución. Convertido en hombre-recurso, será más capaz de facilitar los procesos y hacer que tenga sentido para todos y cada uno de los actores.

»La finalidad es que a continuación el equipo de dirección se transforme también en recurso para el conjunto de la organización.

»Todo ello supone tener en cuenta la realidad presente sin paliativos: realidades del mercado, económicas y humanas. Para las personas se impone una doble solución: por un lado, tener en cuenta los problemas de inseguridad, poder y estrategias, y, por el otro, dedicar una mirada atenta al potencial humano y la confianza que hay que saber aventurar, que nos parecen unas palancas primordiales.

»El buen coach es ante todo alguien que se ha limpiado las gafas: conoce sus límites y ha cumplido con sus duelos, busca la alianza con la persona a la que acompaña y le dedica la mirada del entrenador a un campeón. Buscando la inteligencia de la situación, ayuda al otro con un deseo constante de crecimiento de la persona. Para ello, debe saber adaptarse y respetar la libertad de su interlocutor. Su posicionamiento ético le lleva a no proyectarse sobre el otro, deseando que crezca. Para no jugar al aprendiz de brujo, debe medir los peligros que hace correr a quienes acompaña y no darles permiso para cambiar sin haber establecido las protecciones previas y necesarias.

»Para Eric Berne,[84] "el terapeuta aficionado es aquel que sabe lo que hay que hacer. El terapeuta profesional es aquel que sabe lo que no hay que hacer".

»Aunque no deben confundirse coaching y terapia, y lo digo con conocimiento de causa, creo que la madurez de un coach puede apreciarse por el número de errores que identifica y previene.

»Aunque los consultores de Transformance intervienen directamente en la empresa, tenemos asimismo actividades de formación. Una de ellas, CT+ (Coach and Team +), se dirige a los agentes de cambio para diversificar nuestra acción en la empresa y entre los consultores. Se trata de un curso de coaching y team building que se inscribe en el marco de un enfoque de la dirección en la complejidad que aspira a desarrollar la inteligencia colectiva, es el sentido del +. Existe desde 1989 y combina tres enfoques:

»— los seminarios, seis de tres días cada dos meses y uno de dos días (es decir, un total de veinte días repartidos en un año);

»— grupos de iguales, cada uno de los cuales agrupa entre cuatro y seis participantes que se reúnen una o dos veces entre cada seminario para crear y mantener la dinámica;

»— un grupo de supervisión en conferencia telefónica que animo y que se reúne una vez al mes, accesible a los participantes, al margen de la formación.

»Puede conducir a un certificado de profesional Coach and Team +.

»Se exige a los participantes que tengan un buen conocimiento de la empresa y que hayan experimentado ellos mismos un trabajo terapéutico o, al menos, que tengan un lugar de recurso terapéutico durante el curso. Resulta imprescindible una entrevista individual previa con uno de nosotros. Más de 350 personas han realizado este curso desde su creación en 1989».

NELLY MICHELIN,[85] INSTITUT DU COACHING: «DEL DEPORTE A LA EMPRESA»

«Mi interés por las personas me incitó, hace veinte años, a cursar estudios de psicología. Entonces me apasionaban los estudios de Laborit[86]

---

84. El fundador del análisis transaccional en *Principles in Group Treatment*.

85. Nelly Michelin, licenciada en psicología, es también sofróloga y profesional de programación neurolingüística y eneagrama. Ha fundado y dirige el Winner's Club y el Institut du coaching.

86. Los trabajos del profesor Henri Laborit se dieron a conocer al gran público en 1980 gracias a la película de Alain Resnais, *Mi tío de América*.

y me impresionaban los métodos psicoanalíticos. Al mismo tiempo, me di cuenta de que el análisis de problemas y el regreso al pasado no estaban hechos para mí. Tomé conciencia de que me orientaba hacia el desarrollo del potencial de los individuos que tratan de definir y lograr sus objetivos. Mi función es la de un revelador de potencial.

»El encuentro con un norteamericano que enseñaba en la universidad los métodos de sociología desarrollados en Estados Unidos me permitió avanzar hacia mi objetivo. Descubrí que en Estados Unidos los métodos de desarrollo del potencial de las personas y los grupos estaban muy avanzados. Entonces todo estaba abierto para mí, me lanzaba a descubrir una nueva profesión. Paralelamente, aprendía sofrología, la enseñaba y practicaba con pasión. Veía sus ventajas, descubría el poder de las imágenes mentales y al mismo tiempo los límites de este método. Por lo tanto, me sentía doblemente motivada para descubrir, aprender y practicar los métodos norteamericanos.

»Palo Alto fue para mí el primer lugar de enriquecimiento a principios de los años ochenta. Las puertas de los mayores centros dedicados al desarrollo de la persona se abrieron al grupo de profesionales de sofrología del que formaba parte. Pudimos conocer y practicar distintos métodos cuya eficacia y ventajas entendimos rápidamente.

»Un año más tarde, en Palo Alto, treinta personas nos formábamos en programación neurolingüística con un discípulo de Grinder y Bandler. Fue para mí el principio de una nueva aventura y de mi compromiso de introducirme en esta disciplina y de practicarla inmediatamente con los deportistas.

»Mi implicación en el deporte es antigua: durante mis estudios de sofrología ya había percibido la posibilidad de la aplicación de esta disciplina en este campo. El ejemplo de mi hijo en deporte-estudios que abordaba la competición con mucha emoción me había confirmado este interés.

»El encuentro con el autor de *Tennis et psychisme*,[87] que estaba en el equipo de Jean-Paul Loth, me introdujo en el mundo deportivo. Más allá de la competencia técnica, que no es mi especialidad y cuyo nivel es a veces excelente, la mente y su estado son el origen del rendimiento. En este sentido, mi acción con deportistas de alto nivel,[88] con los que practiqué el coaching con éxito, les permitió afirmarse en la vida y ganar en la pista. La puesta en práctica de mi formación de PNL me permitió dirigir con éxito a los más grandes jugadores de todas las discipli-

---

87. Este libro, publicado en 1977 por Robert Laffont, es la traducción por Alain Cassaigne de la obra de Timothy Gallwey, *The Inner Game of Tennis*.
88. Yannick Noah es seguramente el más famoso de todos.

nas. Comprendí que, con sólo escuchar las preocupaciones de las personas y guiarlas para que hallasen soluciones, daban lo mejor de sí mismas: por ejemplo, para un campeón, la gestión de su plan de carrera profesional tras los juegos olímpicos, así como la gestión de los conflictos con su entorno, la gestión de su sueño y de su energía, el control de las emociones, la superación de los comportamientos limitadores...

»Mi trabajo con deportistas se ha extendido a los entrenadores para incrementar su escucha, su dimensión humana, y mejorar así la comunicación entrenador-atleta, clave de la mejora del rendimiento».

Del deporte de alto nivel a la empresa

«Me dirigí hacia el deporte-relax, principalmente en el ámbito del golf. Comprobé que la calidad del *drive* o del *putting* estaba sobre todo en relación con el dominio de las "cinco C del rendimiento: calma, concentración, creatividad, combatividad y confianza".

»Para lograrlo, es necesaria la capacidad de distanciarse de las preocupaciones. Por lo tanto, trabajé con esos deportistas sobre sus preocupaciones empresariales. Me rodeé de personas de empresa y completé mi formación con diferentes técnicas de origen estadounidense a fin de abordar en la empresa el desarrollo personal, la comunicación, la cohesión y la dirección.

»Del coaching individual a la cohesión sólo hay un paso: acompaño al jefe y a su equipo en el cambio. Es importante para mí, ya que ello responde a mi deseo de contribuir al desarrollo de un mayor número de personas.

»En el Institut, nuestro objetivo es facilitar la cohesión de un equipo y desarrollar las sinergias, llegar a una visión compartida para ganar y hacer ganar a la empresa. Para ello, es importante el trabajo sobre el conocimiento de las personas para aceptar las diferencias y utilizar las competencias. Es una clave para que los miembros del equipo trabajen juntos a fin de utilizar al máximo la inteligencia colectiva: comunicar, motivar, crear, organizar, delegar... La aceptación del otro y de los propios límites permite a cada miembro del grupo convertirse, gracias a una escucha diferente, en el coach del otro. Entonces el equipo mejora su rendimiento, ya que en él reinan el hábito de compartir, el apoyo mutuo y la adhesión a un proyecto común.

»Actualmente, formamos a los directivos para que sean directivos coachs, para que sean ellos mismos desarrolladores de potenciales capaces de situar a las personas en el lugar adecuado, de ocuparse de ellas para ayudarles a evolucionar, a fin de que a su vez se ocupen de sus equipos para crear la cohesión y vencer los retos de la empresa».

YVES MOREAU, FRANCE COM:
«MIS CLIENTES ME LLAMAN COACH»

«Después de estudiar traducción e interpretación, al darme cuenta de la estrechez de las salidas hacia los organismos prestigiosos como la OTAN o la ONU, me incorporé, en 1971, a una multinacional alemana. En aquella época, Alemania iba por delante de Francia en materia de formación, lo cual me permitió adquirir una gran experiencia. Al mismo tiempo, reanudé mis estudios de psicología y filosofía antes de fundar en 1980 France Com.[89]

»Mis primeros clientes en cuanto a asesoramiento fueron políticos a los que entrené para hablar en público. Pasé del papel de formador al de coach. Para mí, el coach es alguien que ha adquirido unos conocimientos en su evolución profesional o personal y se los ha apropiado. Sin tomarse en serio, debe ejercer su profesión seriamente. Para ello, es necesario sentirse bien para estar bien con los demás a fin de establecer una relación basada en compartir.

»El efecto de la moda es indudable para el coaching, y por eso me molesta la palabra. Es cierto que las profesiones como consultor, asesor, formador... lanzan fácilmente modas (acabadas o no en -*ing*), fuentes para algunos de su pan de cada día; también es cierto que, en la empresa, los ejecutivos son muy aficionados a las modas. Para quienes lo desean, trabajar con la pereza de la gente es una profesión bien remunerada. ¿Cuántos de los que bautizábamos como gurús se transformaron en coachs cuando apareció el coaching?

»El coaching, *melting-pot* de formación y de asesoramiento empresarial, es un acompañamiento que me recuerda a la combinación formación + seguimiento cuando tiene éxito. Puede aplicarse a una persona, un equipo, una empresa o un tema determinado. Es un proceso que se inscribe en un objetivo concreto. Sócrates, con su pedagogía del descubrimiento, es para mí el tipo mismo del coach.

»Hoy en día, hay mucha gente perdida: han desaparecido múltiples referencias, el pensamiento mágico es suplantado por el pensamiento complejo, la pérdida de certezas es evidente. Ello no impide que siga habiendo personas en busca de certezas, y ahí está para demostrarlo el desarrollo de las sectas en respuesta a su angustia existencial. En el mundo empresarial, unos ejecutivos que han abandonado por completo su sistema de pensamiento no saben hacer nada sin llamar a "Fulano...", ya se llame coach u otra cosa; es un refugio un poco mágico. Es

---

89. France Com interviene en asesoramiento, formación y coaching en los campos de la dirección, los recursos humanos y las ventas.

evidente la necesidad de una deontología, ya que cualquiera puede autodenominarse coach.

»Coach o no, le debo mucho a Jean Lesage, consultor y formador con quien profundicé en la semántica general y el pensamiento sistémico. Con él tomé conciencia de que para amar al otro hay que sentirse bien. En el fondo, ¡fue mi coach!».

HUBERT NÈGRE, DIRECTOR DE ASISTENCIA DIRECTIVA Y EVOLUCIÓN PROFESIONAL, ALEXANDRE TIC: «UNA HERRAMIENTA NUEVA QUE SE DIRIGE AL SABER ESTAR»

«Antes de incorporarme a Alexandre TIC,[90] el alumno de la Escuela Central atípico que soy construyó una experiencia operativa amplia y diversificada de oficina de proyectos, comercial y *marketing* en la informática, y luego creación de empresa en 1988.

»Mi primera empresa, destinada en primer lugar a la PAO, se transformó en una empresa de ediciones publicitarias, actividad menos técnica que respondía a las necesidades de los clientes y a mi gusto por producir cosas bellas y concretas. A continuación, las dificultades económicas me incitaron a evolucionar hacia la formación en el campo comercial y de la dirección. En esa ocasión, convertido en consultor-formador e interviniendo en grupos importantes con grandes programas, descubrí el coaching.

»Mi formación para esta nueva profesión, tomada de las mejores fuentes (Danièle Darmouni, Vincent Lenhardt[91] y Brigitte Vallet), se combinó con mi propio proceso de desarrollo personal iniciado mucho tiempo atrás.

»El coaching es para mí una ayuda para el logro de objetivos profesionales que, según el caso, se dirige a un individuo, equipo (team building) o empresa:

»— coaching individual. En un contexto de permanente evolución, acompañamos a los directivos en las etapas de su vida profesional: ocupación de un cargo, rendimiento en su cargo, traslado interno o externo, etc.;

»— team building. El acompañamiento de equipo permite reforzar la capacidad de trabajar juntos y de incrementar los resultados ampliando iniciativa y creatividad. Utilizamos métodos procedentes del

90. Alexandre TIC, fundada en 1961, es una reconocida consultoría de recursos humanos. Filial de Adecco Consulting, desarrolla también actividades de evaluación y de asistencia directiva.

91. Véanse sus testimonios en el capítulo «Hablan los coachs», págs. 84 y 101.

enfoque sistémico para alcanzar cambios efectivos y resolutivos de comportamiento;

»— acompañamiento colectivo. En respuesta a procesos de cambio que afectan a la totalidad o parte de la empresa, permite según el objetivo desarrollar las competencias y los rendimientos, facilitar las evoluciones de cultura o ayudar al éxito de las transformaciones de la organización.

»Contrariamente a la idea de algunos, el coaching no está en absoluto reservado a los "brazos rotos". Hay que verlo como una nueva herramienta para los recursos humanos que se dirige al saber estar. Después de las destinadas al saber, y luego al saber hacer, el coaching llena un vacío y permite afrontar unos retos específicos o mejorar el rendimiento de las personas o de una empresa. Eso es lo que aporta de nuevo esta profesión.

»Los que, como Alexandre TIC, trabajan con las empresas se hallan situados frente al triángulo "empresa-coach-coachee", lo cual puede resultar una prueba de envergadura. Necesitan tener en cuenta la gestión de ese sistema y eventualmente recalificar una demanda ambigua de la empresa (¿tratar un síntoma o remontarse a la causa?).

»Por lo tanto, podemos decir que hay dos clases de coaching: el coaching prescrito por el jefe del coachee y el coaching solicitado directamente por el propio interesado. Este último caso es mucho más fácil, ya que es la calidad de la demanda la que condiciona la naturaleza de los cambios.

»En todos los casos, el establecimiento de un contrato aspira a hacer al coachee actor de su desarrollo, y por lo tanto a incrementar notablemente su autonomía. Este contrato permite a la empresa tener cierta "visibilidad" sobre una relación que a veces percibe como algo "misteriosa".

»La calidad del trabajo es garantizada por la deontología de cada coach, y su evaluación lo es también por la comprobación efectuada por el entorno de los cambios efectivos de comportamiento. Para efectuar dichos cambios y desarrollar sus resultados, el coachee se apoya en recursos propios.

En este sentido, el coaching es también un proceso interno de individuación.

»Para ser ese acompañador, opino que un coach debe dominar a la vez la dimensión interindividual (la relación) y la organizativa (por ejemplo, a través del enfoque sistémico)».[92]

92. Sobre este tema, véase Jacques-Antoine Malarewicz, *Systémique et entreprise*, Village Mondial, París, 2000.

Vincent Piazzini, vicepresidente de Mediator International: «La pérdida del placer del directivo es una señal de alarma»

«Ante la pregunta "¿Cómo me hice coach?", aparecen dos respuestas complementarias, una sencilla, la otra más complicada.

»Dejando hablar a los hechos, un encuentro con Bernard Paoli[93] fue el origen. Al describirle mi experiencia profesional (asesoramiento de producción, creación de empresa y dirección general en la industria), subrayé que, con mi equipo, me orientaba más hacia la estrategia, la búsqueda de sentido y la cohesión que al "ajuste de los pernos". Me aconsejó que hablase con Daniel Cohen, que quería reforzar la actividad de coaching en el seno de Mediator. Hace seis años que me puse en contacto con Daniel...

»De forma menos sencilla, hacerme coach también fue el fruto y la conjunción de múltiples factores relacionados tanto con mi experiencia de dirección como con mi evolución personal:

»— la tendencia a la clonación en la constitución o evolución de los equipos de dirección;

»— la dificultad que experimenta aquel que promueve a alguien al frente de un ámbito que él mismo domina bien para dejarle la suficiente libertad para ejercer de jefe;

»— la noción de compartir en la empresa, punto fundamental que cruza información, reflexión, decisión, experiencia, poder y posesión;

»— la fuerza del feedback y de la confrontación, conceptos poco inscritos en nuestra cultura, a menudo mal vividos frente a la autoridad, y la necesidad de ser amado;

»— mi interés por una doctrina de carácter filosófico y una forma de vivir como el budismo, origen de una mirada diferente...

»Añado como referencia que un proceso de desarrollo personal, cualquiera que sea, es una necesidad para hacerse coach, un replanteamiento en el que se busca el sentido de las cosas. Hacerme coach no fue para mí el resultado de un proyecto deliberado sino un proceso natural.

»Hoy en día, ¿qué les es útil a los clientes con los que practico el coaching, en general directivos?:

93. Bernard Paoli, politécnico como Vincent Piazzini, había fundado en 1984 BPI, grupo del que formaba parte Mediator, antes de recuperar su independencia y dedicarse plenamente al coaching de directivos y equipos de dirección y al coaching de las grandes transiciones de la empresa.

»— mi variada experiencia directiva —multicultural, técnica y *marketing*— en el seno de grandes grupos, que es una fructífera base de comunicación y desmitificación de los temas que se deben abordar;

»— mucho trabajo sobre la comprensión de los mecanismos sociales en los que se halla situada la persona, tomando así conciencia de que una relación está impregnada de emociones y energía, se vive y se alimenta, la persona puede darle un uso positivo, lo que le hace ganar en sencillez y coraje;

»— trabajo sobre la representación que el individuo tiene de sí mismo y de su ambiente. Ello desarrolla su curiosidad y le hace ganar en flexibilidad y apertura.

»El cuestionamiento y el *debriefing* de situaciones reales son mis herramientas esenciales. La primera, empleada para poner a la persona en situación, se vuelve cada vez más sensual[94] cuando la persona se da cuenta de que es actor en sentido propio. Entonces lo cognitivo arrastra a lo emocional, y viceversa.

»También es importante que el coachee perciba con claridad el beneficio que obtendrán él mismo, su equipo y la empresa, ya que si se olvida de uno de los tres aparecerán rápidamente las dificultades.

»La finalidad de esta nueva profesión que es el coaching es realizar en el coachee una transformación interior que tenga su origen en un incremento, un enriquecimiento para su vida profesional y para sí mismo. Al ser más libre y disponer de mayor espacio, gana en confianza en sí mismo, al mismo tiempo que resuelve los problemas del presente.

»Aunque el coach no es o no debe ser un terapeuta o bien un proveedor de muletas, si en un momento determinado hay que utilizarlas, ¿por qué no hacerlo? Siempre que yo tenga la solución técnica, la muleta puede y debe ser válida para la persona en un contexto determinado, el suyo.

»El coaching es un proceso iterativo que se inscribe en el tiempo: del orden de seis meses, a razón de entre dos y cuatro horas cada dos o tres semanas. Es importante que cada sesión pase por el *debriefing* del periodo transcurrido con las consecuencias para el futuro y termine con: "Esto es lo que decido y voy a hacer...".

»Para el coachee, el buen autoconocimiento no es un fin en sí. Lo que cuenta es que tenga un apetito creciente de actuar de otra forma, de superarse, de reunir rendimiento y serenidad.

»Frente a aquel que tiene dificultades para proyectarse, hay que buscar lo que le hace chispear los ojos, a veces desestabilizarle, lo cual

---

94. En su primera acepción: «Perteneciente o relativo a las sensaciones de los sentidos» (*Diccionario de la lengua española* de la Real Academia de la Lengua).

ocurre espontáneamente, sin premeditación, a condición de que se haya instalado la confianza entre dos seres humanos cara a cara.

»Muy a menudo, el coaching se dirige al mismo tiempo al directivo en el ejercicio de su función y al directivo como persona frente a la problemática de gestión de su propia carrera. Estas dos perspectivas se vuelven antagónicas cuando el directivo llega a la decisión de abandonar la empresa. Entonces, es mi deber hacer que recuerde que tiene a su cargo "almas" y que, antes de su marcha, deberá cumplir su trabajo mejor que antes.

»En el seno de Mediator International, el coaching tiene un aspecto pedagógico: cuando se desencadena la apertura en el coachee, efectuamos una especie de retorno sobre imagen para que observe qué hemos hecho para alcanzar ese resultado. Realizamos así un traspaso de competencias que le permitirá ser más autónomo. En este sentido se puede hablar de gerente coach, es decir, capaz de desarrollar a sus colaboradores.

»La analogía directivos = deportistas de alto nivel tiene sentido, aunque existen múltiples diferencias entre ellos: los directivos se ven raramente como deportistas de alto nivel y no se les considera como tales; no tienen programa alimenticio; aunque deben ganar, practican un juego diferente sin reglas establecidas, sin árbitro, sin fechas de competición conocidas... Los problemas de edad, de carrera profesional y de reconversión también son distintos. Como en el caso de los deportistas de alto nivel, la pérdida del placer es una señal de alarma, entonces es cuando resulta urgente acudir a un coach».

ANTOINE COSTES, COACH INTERNO DEL GRUPO IBM FRANCE: «TENEMOS UN OBJETIVO COMÚN CON LAS PERSONAS A LAS QUE SOMETEMOS A COACHING»

«Ejercí como arquitecto durante diez años, y de esa experiencia conservo el gusto por la estética y la idea de que lo que es bello funciona bien. En 1984, me incorporé a IBM para ejercer responsabilidades comerciales hasta 1993, inicio del coaching interno en IBM France. Animo a un equipo de cinco coachs, dependiente desde hace un año del presidente. Somos trabajadores de la sombra (sólo nuestros alumnos conocen nuestra eficacia) y de la luz (nuestra acción sirve para iluminar a los directivos que a menudo se encuentran solos frente a sus decisiones), una especie de extraterrestres *(eti-coachs)*:

»— "e" de expertos: más de 200 directivos tratados, más de 300 seminarios en ocho años de práctica;

»— "t" de tecnólogos: utilizamos los últimos métodos de *groupware* para compartir mejor nuestra vivencia y modelizar nuestra experiencia;

»— "i" de intuitivos: cada vez nos enfrentamos a individuos y equipos distintos, y no podemos repetir nuestro acompañamiento siguiendo métodos idénticos.

»Intervenimos a tres niveles: coaching individual, coaching de equipo (team building) y coaching de entidad (performance building).

»Una parte importante de nuestra actividad se dedica al team building, del orden del 60 % si tenemos en cuenta el tiempo para la preparación y luego para el feedback.

»Los métodos que empleamos provienen de Estados Unidos y, para algunos, de la escuela de Palo Alto. Es el caso del método, muy utilizado, designado por el acrónimo *grow* ("crecer"):

»G = *goal:* definir el objetivo, el proyecto;

»R = *reality:* ¿de dónde partimos?, ¿cuál es la situación actual?;

»O = *options:* ¿cuáles son las ideas posibles?, ¿y los caminos?;

»W = *work*, y también *willingness*: a la vez el trabajo que debe hacerse y la voluntad para ejecutar el plan de acción.

»Nuestro método de cuestionamiento descansa en las bases de la resolución de problemas.

»El coaching individual es un coaching de situación dirigido hacia el rendimiento, menos orientado hacia la "psicología o desarrollo personal" que con algunos coachs externos. La entrevista de coaching tiene el fin de transformar una pregunta o un temor en una acción concreta mesurable según los criterios del coachee. El acompañamiento individual se basa en la calidad de la relación interpersonal, para la cual la confianza es un factor clave. Por otra parte, sólo al cabo de tres años llegamos al verdadero coaching, es decir:

»— ayuda para la aclaración de las voluntades, deseos y objetivos;

»— asistencia en la toma de decisiones;

»— acompañamiento.

»En calidad de coachs, en el seno de IBM, tenemos un objetivo común con las personas a las que sometemos a coaching: desarrollar su rendimiento en la situación profesional, con el límite del desarrollo personal en sentido estricto.

»Para ello, debemos mostrarnos concretos, pragmáticos y comprometidos, conocer bien a los hombres, la vivencia y la cultura de empresa, compartir con todos la presión y, so pena de quemarnos, respetar una estricta confidencialidad. Y ello aunque remitamos a nuestra jerarquía información sobre los hechos o el ambiente. La supervisión es una necesidad, se efectúa a niveles distintos: interno, externo o en equipo.

»Para iluminar nuestra imagen en la empresa, a continuación mostramos, confusamente y sin exhaustividad, lo que los alumnos dicen de nosotros y de su coaching:

»— horizonte de conquista;

»— forja una convicción y comunicación claras, lógicas y motivadoras;

»— ayuda personal considerable, sobre todo como "espejo" sobre la forma de trabajar y avanzar en las cuestiones prioritarias y de mayor dificultad;

»— un oído (un ojo) exterior que oye y ve muchísimo más que los actores;

»— recuperación del entusiasmo y pasión por los negocios humanizando las relaciones interpersonales;

»— análisis exhaustivo de las situaciones sustituyéndolas en una lógica positiva y logrando así que el equipo se adhiera al cambio;

»— mayor serenidad en las decisiones;

»— federación de nuestro equipo en torno a un objetivo común y comprensión de lo que cada cual esperaba de los demás...

»El discurso sobre el coaching tiende a abordar conceptos y a hacerse muy intelectual. En Estados Unidos, se ve como una herramienta, un proceso de resolución de problemas. ¿Es ese el motivo de que la gran mayoría de coachs sean internos?

»En Francia, la tendencia es inversa, hay una consideración de uso como herramienta, seguramente porque las primeras preguntas sobre el coaching se centraron en el "porqué".

»Tanto si está en el interior como en el exterior de la empresa, el coach no es o no debería ser:

»— un gurú de la dirección;

»— un asesor;

»— un experto que lo sabe todo de la problemática de su cliente y ocupa todo el lugar;

»— un confidente que escucha tanto que no sabe hacer nada más;

»— alguien con prisa que inicia la misión sin tomarse el tiempo de comprender la demanda;

»— una veleta sin herramienta, sin tan siquiera brújula;

»— alguien "frágil" que no tiene resuelta su problemática personal.

»Cuando comparo coaching interno y coaching externo, observo que el primero se aplica más bien gracias a la disponibilidad, a la posibilidad de encuentros aleatorios sin cita concertada, todo ello en un contexto de acompañamiento perenne.

»El segundo halla mejor su lugar de forma individual con aportaciones estructuradas y facturadas: hay una mirada exterior ocasional con cita concertada y en general, más psicológica. Si es creíble, el coach disfruta de una confianza inmediata.

»Por supuesto, ¡toda moneda tiene su revés! Para el coaching interno: manipulaciones internas, falta de perspectiva, supervisión insuficiente, peso de la desgracia interna sobre todo en caso de crisis en la empresa. Para el coaching externo: demasiada influencia, aportaciones incoherentes, costes prohibitivos».

DANIEL COHEN, PRESIDENTE DE MEDIATOR INTERNATIONAL, «COACH DE LOS ESTADOS MAYORES»: «LA VISIÓN DE UN PIONERO»

—Parece lejana la época en que en Europa quienes creían en la posible emergencia de una actividad basada en el acompañamiento personalizado de directivos, en el marco de su misión, podían contarse con los dedos de una mano. «¡Los dirigentes de empresa jamás aceptarán poner en tela de juicio su propia forma de ser, ni sus prácticas y comportamientos!», me decían. Y sin embargo, ¡cuánto camino recorrido desde entonces!

Todo esto no tiene nada de sorprendente. Quienes vivieron la irrupción del mundo de las emociones en la empresa a partir de finales de los años setenta aproximadamente, con la oleada de reestructuraciones y despidos a la que asistimos, fueron testigos del desconcierto de los gerentes y de sus directivos. Podían ver que los discursos racionales ambientales eran severamente criticados por el ascenso inexorable de los sentimientos confusos que les invadían y que apenas lograban contener.

Las direcciones de empresa presentían vagamente la insuficiencia de una gestión que pretendía ser sólo racional y se veían ante la necesidad de aprender una gestión a la vez de la cabeza y del corazón, so pena de perder el control del movimiento de las energías contradictorias que atravesaban el conjunto del cuerpo social: ¿cómo se podían «gestionar» correctamente esas emociones desbordadas, dar sentido a las nuevas orientaciones estratégicas y orquestar las distintas etapas del cambio sin estar presente, al mismo tiempo, en las propias emociones y en las de los demás, aceptarlas y convertirlas en un efecto de palanca?

Mi experiencia en las reestructuraciones industriales y la animación individual y colectiva me ha convencido de la excepcional eficacia de esta nueva modalidad de liderazgo para impulsar y acompañar los inevitables procesos de transformación. Es imprescindible un justo equilibrio entre la cabeza y el corazón, no sólo para poner en perspectiva un cambio o una situación de crisis y movilizar de nuevo lo humano, sino también para evitar cualquier tipo de manipulación y demagogia.

Ahora bien, este proceso está en las antípodas de ese otro para el que se han formado directivos y ejecutivos. Pedirles que se aparten de algunos de los esquemas mentales que les han permitido precisamente ocupar su cargo era y sigue siendo difícil de concebir, aunque, en los hechos, resulta posible, a condición de aceptar el cambio y el cuestionamiento que implica.

Por otra parte, el periodo de crisis prolongada, la globalización de los mercados, la presión continua y acelerada de los cambios económicos, tecnológicos y sociales y la emergencia de organizaciones más planas y transversales, así como la imperativa búsqueda de sentido que derivaba de todo ello, ponían en tela de juicio los paradigmas y referencias existentes. Generaban, en los directivos, estrés y nuevas expectativas: en particular, un acompañamiento de estilo coaching para ayudarles personalmente a «sobrellevar» sus dudas, interrogantes y ambivalencias frente a los desafíos de la complejidad y para permitirles configurar de nuevo su función y sus comportamientos de líder en periodo de gran transformación.

Pero ¿cómo admitir sus dudas, sus límites y sus temores sin riesgo de perder toda credibilidad?

—*Recurrir al coaching ¿no se interpretará como una confesión de debilidad?*
—Eso es olvidar que el hombre es grande cuando se reconoce a la vez fuerte y débil, pues solamente entonces puede abrirse al cambio y ayudar a crecer a quienes le rodean. Dar pruebas de vulnerabilidad es un signo de coraje y fuerza. Es ya un primer paso esencial hacia la reconquista del poder interior, de una afirmación de la responsabilidad que se ejerce en el sentido de un «poder con», y no de un «poder contra». En realidad, el directivo que busca su poder a toda costa suele ser poco consciente del poder que tiene de crear su propia realidad. La experiencia demuestra que un coaching exitoso puede abrirle plenamente a esta facultad. El resultado es a menudo sorprendente, tanto en materia de expresión del poder interior como de transformación de la realidad.

—*¿Utilizar los servicios de un coach no se interpretará como un recurso a la terapia? ¿Sería el coaching una nueva forma de psicoterapia?*
—¡Seamos claros! El coach de empresa no está ahí para resolver problemas psicológicos, aunque su acción puede tener indirectamente notables efectos terapéuticos. Ese no es el objetivo. Su objeto de focalización no es la mente de su cliente.

Su objetivo es otro: ayudar al cliente a centrarse en las soluciones más que en los problemas y a aclarar, e incluso transformar si es necesario, sus procesos mentales y emocionales para que esté en condiciones de efectuar verdaderas elecciones y tomar, asumir y poner en práctica decisiones empresariales pertinentes. Su acción no consiste en inyectar otro modelo estratégico, ni en añadir una nueva batería de herramientas al abundante arsenal ya existente, sino en transformar la forma en que el cliente las aborda y las trata, interrogándole sobre la forma misma de construcción de su visión y de su acción. El coach le ayuda, en particular, a ver de qué forma su marco de referencia, sus creencias, sus pensamientos y comportamientos impactan en la realidad y pueden producir resultados no deseados, y cómo puede conseguir los cambios que ha decidido realizar.

El coach está ahí para ayudarle a crear las condiciones mentales y operativas del éxito de su proyecto. En ello, contribuye tanto al éxito de su empresa como al desarrollo de su propio ser.

Se trata de ayudar al directivo a acceder a su verdad interior de líder y a fortalecerla. Sobre todo, no se trata de confirmarle en su prejuicio de «imagen ideal» de líder.

—¿Se percibirá el recurso al coaching como una nueva modalidad de formación?
—El coaching tampoco es un catálogo de técnicas y recetas para aprender a delegar mejor, a fijar mejor unos objetivos o a comunicarse mejor. Su acción es más profunda, aunque actúa en gran medida en este tipo de aprendizaje. Se sitúa a menudo en el ámbito del cambio de las percepciones y procesos mentales de un directivo o de un líder para modificar su experiencia de las situaciones y, por tanto, su forma de construir la realidad y sus comportamientos. Por ello, permite mucho mejor optimizar la aptitud para los cambios, el rendimiento individual y el de la organización. Este enfoque del coaching abarca el conjunto del sistema de obligaciones y objetivos de la organización y del mercado, así como los valores, creencias y comportamientos intrínsecos del cliente.

No obstante, se interesa más por el proceso que por el contenido. En efecto, el coach no tiene vocación para intervenir al mismo nivel que un asesor: si quiere contribuir a la transformación de su cliente, ayudándole a desarrollar su confianza, su autonomía y su poder interior, ¡sobre todo debe abandonar su peritaje de contenido y aceptar el no tener proyecto para él!

Quisiera llamar la atención sobre un punto de debate y de divergencia que me parece «clave». Contrariamente a ciertas escuelas de pensamiento, no creo en la neutralidad del coach, aunque sea benévola. En efecto, considero que toda interrelación es una intervención y, como tal, genera unos efectos que no pueden calificarse de neutros.

Frente a una demanda de cambio formulada por su cliente, el coach, con su actitud y sus palabras, puede o bien reforzar las resistencias, o bien facilitar su desaparición. Tiene por fuerza una estrategia de intervención que adapta a las circunstancias del momento y que se alimenta constantemente de los signos, tanto verbales como no verbales, de su cliente.

A condición de que no sea ni en el juicio, ni deliberadamente en la explicación del porqué de un comportamiento, el coach puede enmarcar la interpretación de su cliente para lograr que surja otro sentido portador de soluciones nuevas e innovadoras, sugerir otra pista que permita inducir de forma progresiva el cambio deseado por la persona sometida a coaching, e incluso adoptar una actitud paradójica o provocadora.

En nuestra actividad de coach de directivos y de equipos de dirección, tanto si estamos llamados a acompañar a un directivo en su reflexión estratégica, como en la transformación cultural y organizativa de su empresa, o en su toma de liderazgo en un contexto de ruptura, observamos que la forma en que un individuo reacciona y actúa en su entorno se ve afectada de forma radical por la visión que tiene de sí mismo. De ahí la importancia que concedemos, en particular, a la lógica de la transformación y a la necesaria puesta en práctica de una estrategia de intervención instalada en la confianza y centrada en el deseo de cambio del cliente.

Nuestra experiencia nos ha demostrado que un proceso de elaboración estratégica basado en el miedo genera unas opciones estratégicas radicalmente distintas de las que surgen de un proceso de reflexión instalado en la confianza. Lo mismo ocurre en materia de procesos organizativos y directivos.

En efecto, el cambio comienza primero en la propia cabeza y requiere una modificación, e incluso a veces una inversión de perspectiva futura.

Este cambio no puede ser decisión del coach. Es decisión de su cliente. El coach, por su parte, interpela sobre el sentido, distingue los hechos de la interpretación e invita al interesado a ponerse en situación de observador de sí mismo y de autor de su decisión de cambiar —o no— de comportamiento. Si es su decisión, el coach le ayuda a aprender a cambiar y a comunicar su convicción.

Esta dimensión de respeto por el otro constituye una de las principales claves en el éxito de un proceso de coaching. Permite desarrollar la aptitud de una persona para generar nuevas formas de aprehender la realidad y nuevos comportamientos para forjar las propias soluciones y tomar las decisiones más apropiadas de acuerdo con ella misma.

117

Este proceso de transformación interior nos remite a la noción de *empowerment*, que aspira a reconocer y devolver a las mujeres y a los hombres de una empresa el control de su poder sobre las cosas. Es también el proceso que les permite apropiarse de esa fuerza interior.

Este doble proceso requiere un elevado grado de confianza —confianza en las personas y confianza en uno mismo— y exige coraje (cualidad de corazón, por excelencia) e integridad (coherencia entre las palabras y los actos).

No obstante, cabe precisar que estas condiciones sine qua non soportan mal el modelo jerárquico tradicional basado en el poder del control, modelo que no favorece ni la delegación de responsabilidad, ni la actitud de compartir y colaborar, ni la implicación y el compromiso desinteresados, al servicio del interés colectivo. Así, el coaching no puede ser eficaz, a la vez para el individuo y para la empresa, ¡en toda ocasión!

En efecto, iniciar una acción de coaching en una cultura empresarial marcada por la desconfianza, la manipulación y el control no haría más que reforzar este modelo, cuando la persona sometida a coaching no es el propio directivo, pues el interesado interpretaría invariablemente todo intento del coach para ayudarle a ser más eficaz como una manipulación en beneficio de su jerarquía. En ese caso, puede resultar útil una acción de coaching en el conjunto de la empresa y, en primer lugar, en el comité de dirección, siempre que los directivos deseen actuar en sus prejuicios y transformar una cultura de la que constituyen, de forma consciente o inconsciente, una parte importante.

Afortunadamente, cada vez más directivos se abren, con lucidez y coraje, a este tipo de acción. El éxito del proceso de transformación en profundidad de las mentalidades y de las prácticas de su empresa depende, en gran parte, de su capacidad para ponerse en tela de juicio y transformar sus comportamientos y acciones.

La propia elaboración de la estrategia y la organización, además del control de conjunto, se ven profundamente afectadas por ello. Las viejas creencias limitantes reciben un golpe. El miedo se domina mejor. La confianza revela recursos interiores insospechados y amplía considerablemente el campo de posibilidades. La tendencia a echarle la culpa al colega da paso a la responsabilidad plenamente asumida. El individuo descubre entonces que tiene una responsabilidad en la creación de su propia realidad y que puede ejercer una intensa acción en ella. Entonces, los demás pueden ser percibidos como socios imprescindibles y necesarios con los que se aprende a pensar juntos, a construir juntos una nueva realidad.

Así, al ayudar a modificar el contexto (creencias, representaciones, esquemas de pensamiento, interpretaciones...), que condiciona la forma en que los individuos realizan sus elecciones y toman sus decisiones, una acción de coaching devuelve a cada cual el poder de plantear su vida de acuerdo con lo que tiene un sentido más profundo para él, en sinergia y no en rivalidad con los demás. Los que han tenido esta experiencia íntima en un coaching exitoso saben que eso significa aprender a reinventarse uno mismo.

En cuanto al beneficio para la empresa, puede ser considerable: autonomía y compromiso reforzados, creatividad y eficacia incrementadas, apertura al cambio y mayor flexibilidad y lucidez en el pensamiento y la acción.

Las empresas hablan del coaching

■ ■ ■

En diciembre del año 2000, el sindicato Syntec des Conseils en Évolution Professionnelle[95] dirigió por primera vez un cuestionario a los clientes y futuros clientes de sus miembros. Aproximadamente se devolvieron trescientos cuestionarios, la cuarta parte del envío. Quienes respondieron eran en su inmensa mayoría (76 %) ejecutivos que trabajaban en el departamento de recursos humanos, las tres cuartas partes de los cuales ocupaban un puesto de dirección. A su vez, los directivos representan el 58 % del resto de los que respondieron a dicho cuestionario.

El tratamiento de las respuestas a las nueve preguntas formuladas da los siguientes resultados,[96] que presentamos esquemáticamente en cuadros para una mejor comprensión:

95. Véase «Organismos profesionales» en el capítulo «La formación del coach», pág. 63.
96. Los textos de las preguntas y el cuestionario, así como los resultados, proceden del estudio publicado en el mes de febrero del año 2001. Los comentarios en cursiva son del autor.

Pregunta 1 – Su conocimiento del coaching en la empresa es:

Muy preciso	17 %
Bastante preciso	55 %
Más bien vago	23 %
Muy vago	4 %
No lo conozco en absoluto	1 %

Tratándose de un grupo de clientes y futuros clientes de consultorios que practican el coaching, es razonable pensar que estos tienen un mejor conocimiento del coaching que no clientes/no futuros clientes. Sólo una de cada seis personas habla de conocimiento muy preciso. Más de la cuarta parte de las personas tiene un conocimiento muy bajo del coaching (más bien vago o muy vago).

Pregunta 2 – El coaching en la empresa es para usted ante todo (marque dos respuestas ordenándolas, siendo 1 la principal):

Un proceso imprescindible para hacer que evolucionen los comportamientos en la empresa	21 %
Una herramienta eficaz para el desarrollo profesional	42 %
Una herramienta para quienes tienen problemas	15 %
Una herramienta para el desarrollo profesional de los mejores	12 %
Una moda pasajera	3 %
Sin respuesta	7 %

¡Buena noticia! La idea de que el coaching pueda ser una moda pasajera es rechazada unánimemente. Ante todo se percibe como «una herramienta eficaz para el desarrollo profesional» o «un proceso imprescindible para hacer que evolucionen los comportamientos en la empresa».

Pregunta 3 – ¿Se ha inscrito ya en este tipo de proceso?*

	Sí %	No %	Sin respuesta %
Para usted mismo	25	56	19
Para un colaborador	52	32	16
Para su equipo	12	49	39

La cuarta parte de los encuestados se ha sometido a coaching, lo que supone un porcentaje importante, y algo más de la mitad lo ha prescrito. El coaching de equipo parece menos difundido.
¿Cuál es la razón del elevado porcentaje de «sin respuesta»?
¿Cuál es la representatividad de la muestra?

¿Ha quedado satisfecho?

Muy satisfecho	16 %
Satisfecho	52 %
Bastante satisfecho	21 %
Poco satisfecho	10 %
Nada satisfecho	1 %

Más de los dos tercios de los encuestados declaran sentirse satisfechos o muy satisfechos.

* En esta cuestión, se preguntaba, además, «¿Practica su empresa el coaching? Sí/no».

Pregunta 4 – ¿Cuáles son, en su opinión, las principales situaciones en las que puede recomendarse recurrir al coaching?

	%
Ocupación de un nuevo puesto	48
Desarrollo en el puesto	37
Desarrollo de la carrera	37
Cambio de puesto	38
Mejora de liderazgo, de estilo de dirección, ampliación de responsabilidades	83

(Continuación)

Mejora de la comunicación	35
Mejora del funcionamiento con el equipo	64
Gestión de conflicto	30
Gestión del estrés	22
Asistencia en los cambios de la empresa (fusión-adquisición-reorganización...)	43
Asistencia ante un importante reto	46
Preparación para la expatriación o el regreso	13
Evolución en un entorno multicultural	20
Dirección de proyecto	22
Otras situaciones, ¿cuáles?	4

El cuestionario especificaba «varias respuestas posibles»; el total de respuestas es de 1.630, es decir, por término medio 5,4 situaciones por encuestado. Las dos situaciones clasificadas en cabeza coinciden en parte, lo que también sucede con algunas otras.

Pregunta 5 – ¿Cuáles son las tres competencias técnicas que más espera de un coach? Tres respuestas numeradas 1, 2 y 3 (siendo 3 la principal).

Gestión	100
Estrategia	45
Asesoramiento de dirección	44
Conocimiento de organizaciones y profesiones	62
Formación	14
Psicología	82
Relaciones interpersonales	69
Gestión de carreras	17
Comunicación	38
Otras	5

La gestión obtuvo la nota más alta (363) que se transformó sobre base 100. Dos pares de competencias se sitúan en cabeza:
— gestión;
— conocimiento de organizaciones y profesiones;
— psicología;
— relaciones interpersonales.

Pregunta 6 – ¿Cuáles son las tres principales cualidades personales que espera de un coach? Pregunta abierta...

	Citada en 1.er lugar	Citada en 2.° lugar	Citada en 3.er lugar	Nota global
Escucha	100	32	20	384
Sentido social, psicología	42	45	27	243
Análisis, síntesis y comprensión de las situaciones y de la empresa	67	83	58	425
Capacidad de guiar e influir	55	77	92	411

Al asignar el coeficiente 3 a la cualidad citada en primer lugar, 2 a la citada en segundo lugar y 1 a la citada en tercer lugar, a cada cualidad se le acredita una nota global que figura a la derecha de la tabla. Las tres cualidades mejor situadas son las mismas, sólo difiere la clasificación. Sería interesante profundizar en lo que abarca la «capacidad de guiar e influir».

Pregunta 7 – Considera usted:

	%
Que es más eficaz apelar a coachs externos a la empresa	44,7
Que es preferible para la empresa tener sus propios coachs internos	5
Que es enriquecedor conjugar coaching interno y coaching externo	41,7
Sin respuesta	8,6
	100 % = 300

Cuando se expresa una elección, uno de cada dos encuestados considera que es más eficaz apelar a un coach externo.
La formulación de la pregunta sobre la asociación coaching interno/coaching externo puede introducir un rodeo.

(Continuación)

	%
Con respecto al coaching interno, le parece preferible que se trate:	
• de un directivo	35,3
• de un especialista habilitado	39,3
Sin respuesta	25,4
	100 % = 300

La tasa de «Sin respuesta» es particularmente elevada.

Pregunta 8 – Según usted, en términos financieros, el coaching es una inversión... (varias respuestas posibles):

... a largo plazo	206
... a corto plazo	126
... para el individuo	265
... para la empresa	252
Total de respuestas:	**300**

El coaching se percibe mayoritariamente como una inversión a largo plazo para el individuo y la empresa.

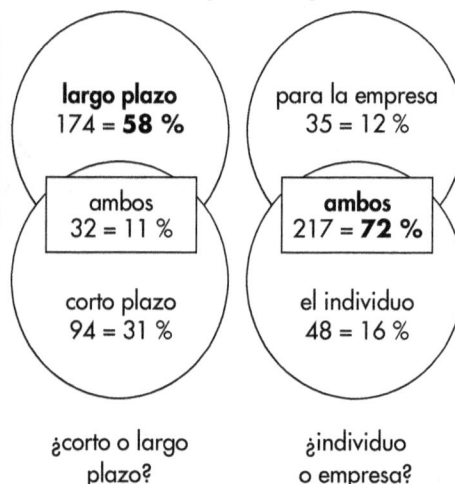

largo plazo
174 = **58 %**

para la empresa
35 = 12 %

ambos
32 = 11 %

ambos
217 = **72 %**

corto plazo
94 = 31 %

el individuo
48 = 16 %

¿corto o largo
plazo?

¿individuo
o empresa?

Pregunta 9 – ¿Cómo ha oído hablar del coaching?

	%
Prensa profesional	40
Prensa para el gran público	11
Experiencia	40
Relaciones	38
A través de su empresa (director de recursos humanos, colegas...)	27
A través de prestatarios	48

(Continuación)

	%
Organismo oficial	4
A través de un coachee	10
Otros	6

Esta pregunta, que recibió por término medio 2,2 respuestas, da cuatro orígenes principales al conocimiento del coaching:
— los prestatarios;
— la experiencia;
— la prensa profesional;
— las relaciones.

ALEXANDRE FOURNIER, DIRECTOR DE RECURSOS HUMANOS DE CAMPBELL FRANCE:[97] «UN COACH AL SERVICIO DE LA EMPRESA Y DE LOS HOMBRES»

«Considero necesario un resumen histórico para poner el decorado. La empresa norteamericana Campbell Soup controlaba Delacre, que había comprado Liebig a Danone. Vendió Delacre; conservando Liebig, que entró en el perímetro de Campbell France.[98] Entonces Liebig ya no tenía estructura y conservaba solamente una fábrica con una base de estructura *marketing* y de I+D (investigación y desarrollo).

»Esta llegada se tradujo para nosotros en un fuerte desarrollo y un cambio de política caracterizado por una importante inversión humana para crear una nueva organización, en la actualidad más o menos estabilizada. Ello se acompañó de acciones específicas:

»— creación de un programa de desarrollo para mantener los altos potenciales y hacerlos progresar; más allá de las técnicas, el objetivo es enseñarles algo más desde el punto de vista humano y aportarles desarrollo personal. La creatividad, en todos los departamentos de la empresa, es una palabra clave para la innovación y la organización de esta. Es un proceso interactivo que tiene un valor inmediato a corto plazo, al que se añadirá un impacto a largo plazo para los recursos humanos;

»— operación de team building para crear un espíritu de equipo entre los antiguos empleados procedentes de Liebig, Danone o Delacre y

El resultado no se ha publicado.
97. En marzo del año 2001, Alexandre Fournier se incorporó a Newell Cookware Europe (marca Pyrex), en calidad de vicepresidente de recursos humanos.
98. En el año 2000, Campbell France realizó una facturación de 1.000 millones de

los recién llegados; hemos optado por el canto con un maestro.[99] Más allá del interés de algunos por el canto, optamos por este medio percibido como no discriminador, que favorece la escucha y la participación, fuente de armonía y ritmo, de mejora de la comunicación gracias al acercamiento a través de la emoción;

»— teniendo en cuenta el posicionamiento de nuestros productos hacia el bienestar, la salud y las vitaminas, juzgamos útil aportarnos el mismo bienestar que queríamos ofrecer al consumidor. Ello se ha traducido en una promoción interna del régimen cretense, de una actividad física ligera y de la relajación.

»Lógicamente, el coaching ocupa su lugar en este programa de acciones. Algunos ejemplos permitirán percibir qué formas ha adoptado:

»— para un creativo de I+D, ejecutivo de talento, con tanto carácter como ingenio, el objetivo era conservarlo dentro de la estructura, sabiendo que estaba muy solicitado desde el exterior. El coaching le ayudó a descubrirse a sí mismo, a enmarcarse y adaptarse al trabajo en equipo, a conocerse mejor para entender el efecto de su actitud en los demás;

»— como no sabía decir "no", esta mujer se hallaba sobrecargada de trabajo en el contexto de arranque de la empresa. Al tener que afrontar también unas obligaciones familiares, marido e hijos, se derrumbó... Gracias al coaching, pudimos crear una estructura a su alrededor al mismo tiempo que se reposicionaba hacia un tiempo parcial, ritmo adaptado a su situación personal;

»— se propuso un coaching de reflexión a alguien que no estaba completamente a gusto en un contexto de estrés y movimiento que requería adaptabilidad y lo que podría llamarse un "juego de piernas" para conservar el equilibrio. El objetivo era ayudarle a hallar su respuesta a la pregunta "¿Puedo adaptarme al estilo de la empresa o tengo que irme?";

»— en el marco del plan de gestión de recursos humanos, esta persona tenía ideas sobre su evolución. Aunque, desde el punto de vista técnico, las herramientas del programa de desarrollo Campbell respondían a su necesidad, le quedaba una carencia en el ámbito social para acceder a un puesto superior. El coaching le permitió salvarla;

»— el último ejemplo se refiere a varios jóvenes directivos promovidos a responsabilidades. Se constituyó un grupo de trabajo que les reunía con un coach externo para comprender la gestión de cada uno dentro de su equipo. El trabajo se llevó a cabo en primer lugar a nivel colectivo, y luego se prolongó con un seguimiento individual.

francos, con 380 personas, entre ellas 90 ejecutivos.

»Aunque el control de cada misión es una acción común del director de recursos humanos y del coach, este tiene sobre el primero la ventaja de la mirada exterior y del secreto profesional. En la elección del coach,[100] tuvo mucha más importancia su personalidad y su conocimiento del mundo de la empresa, así como su trabajo sobre el comportamiento, que el dominio de técnicas más o menos librescas e intelectuales.

»Ello constituía un elemento del proyecto de recursos humanos de Campbell, validado por los positivos resultados de los primeros ensayos. Después de probarlo, rechazamos a otro coach, que nos había parecido menos profundo y más técnico.

»Un solo coach externo es compatible con el tamaño de Campbell France y aporta la ventaja de un buen conocimiento adquirido de la empresa. Gracias a sus valores humanos, está al servicio de la empresa y de los hombres, con el límite de la duración de los días, que sólo tienen veinticuatro horas...

»Aunque el director de recursos humanos cumple de vez en cuando una función de coach interno y aunque es imaginable que una gran estructura tenga un coach interno, temo que no pueda percibirse a este como lo suficientemente neutro si es asimismo director de recursos humanos. Por ello, para una estructura de nuestro tamaño, prefiero el coaching externo».

99. Sébastien Fournier-Hanrot.
100. Pierre Blanc-Sahnoun, véase su testimonio en el capítulo «Hablan los coachs»,

Lo que dicen las personas sometidas a coaching

■ ■ ■

CÉLINE CAËL, RESPONSABLE DE FORMACIÓN Y MOVILIDAD INTERNACIONAL DEL GRUPO VALEO, RAMA ELECTRÓNICA

«Mi primer contacto con la formación se remonta a mis estudios universitarios[101] en Orléans, durante mi colaboración con el gabinete de formación Axio Centre. Luego, antes de entrar en Valeo, trabajé durante seis meses en un gabinete de selección de personal.

»Mis comienzos en el grupo se situaron en el centro de formación interna sobre los métodos y herramientas de Valeo: la Escuela Cinco Ejes. Durante varios meses me encargué de organizar las sesiones de formación que tenían lugar en los centros de producción del grupo, por todo el mundo.

»En febrero de 1999, dejé la escuela para incorporarme al departamento de recursos humanos de la rama Valeo electrónica. Esta, que tenía como principales clientes a las demás ramas, había sido el "patito

pág. 75.
101. Bachillerato + 5, Céline Caël es titular de un DESS de gestión de colectivi-

131

feo": la falta de valoración, la escasez de los márgenes y la ausencia de interés eran fuente de cierta melancolía.

»En septiembre de 1999 se nombró a un nuevo director de recursos humanos, lleno de dinamismo y entusiasmo. Al tomar conciencia del ambiente de la sección, quedó sorprendido y buscó cómo cambiarlo. Interrogando a sus iguales y a su equipo sobre su percepción de los problemas y sus ideas para resolverlos, llegó a la conclusión de que el fatalismo ambiental, mezcla de inseguridad y derrotismo, provenía esencialmente de un déficit de comunicación, de la ausencia de una respuesta clara a la pregunta básica: "¿A dónde vamos?". Para paliarlo, propuso a los ejecutivos recién llegados un plan de acción de comunicación sobre la estrategia. En el centro de este plan de acción, deseó organizar una nueva forma de encuentro con las direcciones (rama, división, fábrica).

»Llamó a Lynne Burney[102] para poner en marcha un dinámico seminario de una jornada para responder a los interrogantes y lograr un acuerdo. El objetivo fundamental era explicarles a los jóvenes directivos, contratados por su potencial, su entusiasmo y su aptitud para el cambio, que la dirección estaba lejos de tener todas las respuestas, que se trataba de una responsabilidad compartida.

»La reflexión sobre la concepción de este seminario, en la que yo había participado, se tradujo en una realización en dos fases:

»— durante la mañana, talleres de reflexión sobre las preguntas que podían plantearse los participantes;

»— por la tarde, una sesión plenaria con las direcciones para un intercambio sobre estas preguntas.

»Para animar este seminario de forma interna, fui sometida a coaching por Lynne Burney. Esta animó por completo la primera sesión, que servía de piloto y durante la cual me mantuve como observadora. Me enseñó a identificar lo que ocurría en los distintos talleres y su funcionamiento. La reflexión compartida que siguió tenía el fin de definir cómo mejorar los siguientes. Así, se decidió suprimir un juego de improvisación filmado, que se consideró demasiado implicador.

»Después de este seminario piloto, trabajé con Lynne para transmitir de forma progresiva la animación de seminario durante tres sesiones de coaching cara a cara, dos de ellas filmadas. Yendo de lo sencillo a lo complicado, repetí cada parte del seminario piloto, previa puesta en situación y ensayo, para vencer mis aprensiones. Durante esas sesiones, también cumplí la función de representante de la cultura de Valeo para la puesta a punto de lo que se podía o no decir.

dades.

»Dos semanas después del piloto, el siguiente seminario también fue conducido totalmente por Lynne. Para el tercero, celebrado en Hungría, yo lancé el primer taller, y Lynne llevó el resto.

»Para convertirme plenamente en animadora, la escuela del terreno fue la mejor para compartir los riesgos, el control de un grupo, el encaminamiento de un taller, el seguimiento de la agenda.

»El coach es el modelo para el traspaso del saber estar: por mi parte, he buscado el camino para mostrarme, como mi coach, tranquila y disponible. Después de trabajar con un profesor de inglés, me marché a Estados Unidos para animar sola el cuarto seminario y efectuar asimismo un traspaso de conocimientos en beneficio del responsable de formación local.

»Para acabar, organicé los siguientes seminarios, que se desarrollaron en México y Alemania.

»Cuando pienso en lo que me ha aportado el coaching, observo que ya antes había tenido que pedir ayuda a alguien exterior para expresarme, para delimitar un problema, identificar los elementos que lo constituyen y llegar a las soluciones.

»La novedad para mí fue beneficiarme de este tipo de ayuda en la empresa: en efecto, como joven trabajadora, percibía el ambiente de trabajo como desconectado de las problemáticas humanas, un mundo aparte en el que cada cual debe funcionar, reflexionar y decidir de forma fría, matemática, robotizada. No dejaba espacio para la debilidad, la sensibilidad y las emociones. No debía mostrar nunca mis dudas, mis fatigas, mis cóleras o mis alegrías. Eso fue lo primero que cambió el coaching.

»Descubrí que mi mayor fuente de trabajo, inteligencia y energía sólo está disponible cuando estoy relajada y feliz de ir a trabajar. Me he dado cuenta de que ello pasa por la confianza en un equipo —o en un grupo cuando animo a uno— y que no se consigue nada si una persona tira sola del carro.

»Estar con el grupo, nunca en contra (en el sentido de no enfrentarse a la gente), hallar una nueva forma de decir las cosas si se tiene una opinión distinta, u otro punto de vista que se quiere hacer valer, eso es también una aportación importante para mí:

»— dejar de ser, gracias al coaching, la única que lleva toda la responsabilidad de lo que pase;

»— aprender a apoyarme en otros, a confiar;

»— saber compartir una aventura, un proyecto, estando yo misma en el lugar adecuado, en el nivel adecuado de responsabilidad e implicación.

»De un ritmo a marchas forzadas, loco y solitario —muy debilitante y agotador emocionalmente—, he pasado a un funcionamiento más jovial, tranquilo y reflexivo.

»¿Para ello hay trucos o algo que pueda tomarse como tal, pues parece muy sencillo y de un efecto rápido? En realidad, se trata de conocer y utilizar mejor la energía que hay en nosotros. Por ejemplo, hay zonas de nuestro cuerpo no sujetas al estrés que son lugares de tranquilidad y apertura. Dirigir a ellas mentalmente la atención permite desconectar un estrés o un pánico a veces tan intenso que nos impide reflexionar, de tanto como nos "ocupa la cabeza...". A todo ello, se añaden otros beneficios:

»— el entusiasmo;

»— la perspectiva en la comunicación con mis colegas: deshacer los enredos, considerar los hechos, reconocer las emociones para separarlas mejor de los mensajes;

»— el éxito en la animación de los seminarios;

»— una creciente autonomía en la realización de módulos pedagógicos;

»— la aceptación de mis emociones como parte de la realidad y, correlativamente, una mayor tolerancia frente a las de los demás».

MICHEL DARNAUD: [103]
«MÁS EFICAZ Y MÁS SERENO»

«Antes de incorporarme hace tres años a Boston Scientific, evolucioné durante veinte años en una empresa, también del sector médico, primero en ventas y marketing, y luego en cargos de dirección general.

»En esa empresa, mientras ejercía responsabilidades similares a las de ahora, una reflexión a varios niveles me llevó al coaching. Aunque mi evolución profesional fuese positiva, sentía cierta incomodidad personal y, después de veinte años en el sector médico, me formulaba múltiples preguntas:

»— ¿cuál es la solidez o la fragilidad de mi posición?;

»— ¿cuáles son mis competencias?;

»— ¿qué ocurrirá en caso de fusión o adquisición?;

»— ¿he llegado a este puesto, a estas responsabilidades, por casualidad?;

»— ¿mi evolución, hasta ahora favorable, seguirá siéndolo?;

»— ¿cómo puedo equilibrar vida profesional y vida personal?;

102. Véase su testimonio en el capítulo «Hablan los coachs», pág. 80.

103. Michel Darnaud es el presidente de Boston Scientific Europe, grupo norteamericano especializado en técnicas médicas no invasivas o menos invasivas que la cirugía, utilizadas principalmente en cardiología. Ochocientas personas, la mitad de ellas

»— ¿puedo hacer mejor ciertas cosas? ¿De forma menos forzada y con mayor fluidez?

»Me resultaba difícil hablar de ello en el seno de la empresa, y no veía a ningún amigo con quien cambiar impresiones sobre este tema.

»Resultaba claro que, al no tener como objetivo un psicoanálisis, buscaba una especie de boxeador que me entrenase, alguien que me "retase" en un proceso a la vez personal y profesional para mejorar y utilizar del mejor modo posible la energía de que disponía.

»Habiendo leído ya artículos sobre el coaching, hablé de ello con el director de recursos humanos de la empresa, que efectuó una preselección. Me interesaba un método derivado del coaching de deportistas de alto nivel, y escogí, tras un encuentro positivo, a Jean-Marie Becq,[104] que había trabajado con personas muy conocidas en el mundo del deporte.

»Me introduje en el enfoque modular básico, una especie de paquete personalizado, un itinerario para conocerme mejor desde todos los puntos de vista, incluido el de la forma física y la expresión personal. Los beneficios que obtuve me llevaron a proseguir el trabajo con Jean-Marie Becq, de quien aprecié el arte de formular la pregunta adecuada en el momento oportuno.

»Ahora le veo aproximadamente cada seis semanas sobre un punto que deseo tratar con él. Abordamos juntos tanto asuntos muy concretos, por ejemplo la preparación de una presentación, como temas más amplios que se refieren a lo vivido, las ganas de hacer cosas. Para hallar ideas positivas, nuestro trabajo pasa a veces por una actividad en la piscina o una sesión de masaje y de relajación, apoyándose en la sinergia entre bienestar físico y rendimiento. En esta relación personalizada, en un clima de gran confianza, el coaching es particularmente eficaz a largo plazo. Creo que tal vez no habría superado el reto que supuso mi cambio de puesto y mi llegada a Boston Scientific. Gracias al coaching, ahora tengo un empleo más interesante que habría podido dejar pasar. Al mismo tiempo, estoy más sereno y equilibrado ante unas responsabilidades más importantes.

»Mi estilo de dirección ha cambiado: he profundizado en lo que era y en mis puntos fuertes, he perfeccionado la percepción de mi impacto en los demás y he capitalizado mis fuerzas. Antes, siempre había tratado de mejorar a través de cursos de formación, de los que a menudo lamenté el aspecto mecánico.

»En la actualidad mi liderazgo se expresa más en el entrenamiento de equipos, en el *soft* que en el *hard*, a través de una mejor comprensión de lo humano.

ejecutivos, trabajan bajo su responsabilidad.

»Convencido por mi experiencia personal, propongo el coaching a mis colaboradores en un estricto respeto de la confidencialidad».

CAROLINE DEPIERRE:
«COACHING Y DESEMPEÑO DE CARGO»

«Tras el Essec, fui contratada por el grupo Schlumberger, en recursos humanos. Después de tres años como adjunta pasé a ser jefa de personal de una unidad formada por 150 personas, responsabilidad que ejercí durante un año.

»Luego, a través de mi red, reuní a 60 personas que operaban en internet, para crear allí la función de recursos humanos. En una primera fase, mi misión se centraba en la contratación para evolucionar hacia el establecimiento de una estructura. Tras dar mi conformidad, y antes de incorporarme a este puesto que representaba un verdadero reto, me asesoré en el Essec, para poner todas las posibilidades de mi parte frente a la dificultad que percibía.

»Mi necesidad de ayuda para alcanzar el éxito en mi nuevo puesto fue el origen de mi encuentro con Pierre Blanc-Sahnoun.[105] La afinidad influyó mucho en mi decisión de tenerle como coach, a lo que se añadió su conocimiento de los recursos humanos.

»Como el coaching no me parecía ser del estilo del nuevo departamento, me hice cargo de su financiación, considerándolo una inversión a largo plazo. Nuestro acuerdo preveía una duración de seis meses, a razón de una entrevista de una hora aproximadamente por semana y la posibilidad de un vínculo telefónico o por correo electrónico. Mientras que el nuevo departamento funcionaba de forma inmediata y urgente, este distanciamiento, cada semana durante una hora, era para mí muy positivo. Se aplicaba al análisis de casos más o menos difíciles, a cuestiones de política, al posicionamiento de los recursos humanos...

»Al mismo tiempo, Pierre me aconsejó sobre la organización del trabajo y la gestión del tiempo, así como sobre las prioridades y las urgencias; me ayudó a poner en funcionamiento y organizar el departamento de personal, y también a dirigir al adjunto y la secretaria que había contratado.

»La marcha de mi pareja a Gran Bretaña añadió un problema de índole personal. Abandoné el nuevo departamento y la misión cayó en un balance de competencias llevado a cabo en dos veces, dos jornadas y media, entre abril y junio del año 2000. Después de definir mis necesi-

104. Véase su testimonio en el capítulo «Hablan los coachs», pág. 71.

dades y lo que era importante para mí, después de trabajar en las realizaciones, conseguidas o no, en los medios utilizados y los resultados, identifiqué las misiones o empleos posibles y el entorno favorable. Hoy en día, deseo dirigirme hacia una actividad de *free-lance* en contratación por internet, en París o en Inglaterra, para conciliar vida profesional y vida personal. En esta experiencia de coaching, he apreciado el trabajo hecho con alguien que te empuja a salir de ti, como un medio de distanciarte, lo cual no suele pasar en un empleo operativo. Al mismo tiempo, he aprendido a distanciarme en momentos puntuales, por ejemplo entre dos entrevistas de selección.

»La calidad de la relación con mi coach, de este intercambio con afinidad, también ha tenido mucha importancia para mí, al igual que la consideración de la dimensión personal y familiar. Además, me ha gustado la ausencia de una lógica clara de rendimiento por parte del coach.

»Una pequeña restricción podría referirse al formalismo de determinadas herramientas destinadas a organizar mejor o reflexionar mejor. Seguramente es una reacción muy personal.

»A través del coaching, he adquirido una visión global permanente, la sensación de tener mi puesto entre las manos, de dominar retrasos y urgencias. Es lo que me faltaba en el desempeño de mi cargo de jefa de personal en Schlumberger».

CAROLE SÈVE: [106]
«DEDICARLE TIEMPO AL COACHING PARA SALIR GANANDO»

«Comienzo este testimonio con tres observaciones preliminares sobre el coaching:

»— distinguir al coach del gurú es difícil cuando uno no está en el ambiente. Afortunadamente, tenía información a través de relaciones para guiar mi elección;

»— el coaching debe responder a un objetivo puramente profesional, no es un psicoanálisis. Es importante que haya un acuerdo coach-coachee para que se encienda una señal de alarma en cuanto haya derivaciones hacia la psicología;

»— lamento que no exista un término en nuestra lengua para coach y coaching. Basándome en lo que he vivido, me encantan los términos *acompañamiento* y *entrenador*. La noción de coaching responde a la necesidad de contar con acompañamiento en el cambio.

---

105. Véase su testimonio en el capítulo «Hablan los coachs», pág. 75.
106. Dirección de información y relaciones públicas de la rama de hostelería, ne-

»Empecé muy pronto mi vida profesional, a la edad de dieciocho años: el deseo de contactos, de relaciones, el gusto por la divulgación y mi escaso interés por la publicidad me orientaron hacia las relaciones de prensa.

»Después de un primer periodo de siete años en la moda, en una pequeña estructura, pasé al otro lado, es decir, al periodismo.

»En primer lugar, durante dos años, fui coordinadora de la redacción de una revista de moda y luego, durante dos años y medio, en Bangkok, realicé el montaje y lanzamiento de una "revista urbana" que pasó de 4 páginas en blanco y negro a 64 páginas en color.

»En enero de 1996, me incorporé a Accor en calidad de directora de comunicación para la zona de Indonesia, Malasia y Singapur. A razón de una apertura de hotel cada tres semanas, su número pasó de 9 a 48 en dos años. Entonces regresé a Francia, al puesto que ocupo hoy en día, puesto multimarcas dedicado en un 80 % a Novotel.

»Aunque el grupo Accor invierte mucho en la formación colectiva o individual, no encontraba lo que correspondía a mi necesidad. Como ya había seguido unos cursos de formación animados por Danièle Darmouni [107] y asistido a conferencias organizadas por ella, le telefoneé para pedirle asesoramiento. Así pude descubrir que mi búsqueda de formación era una necesidad de acompañamiento en el cambio, a la que respondía el coaching.

»Dado que se trataba de un enfoque personal frente a una necesidad profesional, estaba dispuesta a asumir su financiación. Se lo conté a mi superior jerárquico, que consideró que Accor podía tomar este coaching a su cargo. La misión que se desarrolló durante siete meses, en el año 1999, respondía para mí a una profunda necesidad de organización y jerarquización de prioridades. En efecto, mi función cubre 3 marcas y 1.200 hoteles; una auditoría de mi volumen de trabajo había concluido que se necesitarían cinco personas en el cargo que ocupaba yo sola. Se había contratado, después de mí, a una persona.

»El objetivo del coaching era aumentar mi capacidad de gestión y permitirme salir de la urgencia permanente. El tiempo que tenía que dedicarle —media jornada cada tres semanas— representaba al principio un enorme incremento de mi carga de trabajo.

»Por suerte, tras formular el objetivo y definir la frecuencia y duración de las sesiones, Danièle Darmouni estructuró su acción para que me viese aliviada enseguida. Así pude adquirir muy pronto las herramientas necesarias y las técnicas para gestionarlas, y luego pasé a la elaboración personal.

gocios y ocio del grupo Accor.

»Cada sesión se abría con una fase "válvula", un momento en el que podía expresar el sobrante. Cada una me daba también la posibilidad de retomar el hilo. El trabajo era personalizado: hacía referencia a casos concretos, a problemas de mi actividad que tenía que resolver para ganar tiempo. Aprendí a separar el contenido del problema del contexto afectivo, a tener un enfoque lo más neutro posible, a aunar reflexión y acción.

»Danièle Darmouni se quedó en el enfoque profesional: mi objetivo no era desembarazarme de lo afectivo, de lo emocional, sino ser más lúcida para utilizarlos mejor, para sacar provecho de ellos.

»Comprendí que la forma con que se titula una tarea es fundamental para conocer su importancia. La metáfora de la cómoda con cajones que son equivalentes y se abren con la misma facilidad unos y otros me llevó a la jerarquización en función de criterios concretos.

»Aprecié particularmente la forma en que Danièle Darmouni combinaba enfoque global y enfoque específico; organizaba el proceso en general y por sesión, aportándome cada vez un elemento concreto, herramienta o técnica, relacionado con el objetivo global. Todo ello sin que interviniese en el contenido, sin que diese opiniones o proporcionase soluciones. Así pude empezar a aprender a "apagar el fuego", a gestionar la urgencia, y luego a ir más allá.

»Lo fundamental para mí es que el coaching se inscribe a largo plazo. Creo también que es necesario el seguimiento. Se realiza de dos formas:

»— seguimiento telefónico durante el propio coaching;

»— reuniones temáticas posteriores a las que aún no he asistido. Es cierto que resulta más difícil cuando se abandona la dinámica del coaching.

»Hoy en día mis colegas reconocen el desarrollo de mi capacidad de escucha así como mi aptitud para cambiar de perspectiva».

TERCERA PARTE

Herramientas

El 360°

■ ■ ■

Origen

El 360° (también denominado evaluación a 360°, retorno de información a 360°, etc.), conocido en Estados Unidos con el nombre de *360° feedback*, es utilizado, en su país de origen,[108] por la mayoría de las 500 grandes empresas clasificadas por la revista *Fortune* y por otras muchas de menor importancia. Ha sido introducido en Francia por las filiales de esas empresas norteamericanas.

Definición

El 360° es una herramienta de observación y evaluación de las prácticas gerenciales individuales. Se basa en una constatación tan evidente

107. Véase su testimonio en el capítulo «Hablan los coachs», pág. 84.
108. El concepto que da origen al 360° se utilizaba ya en los años sesenta en la academia militar de Westpoint; se practicaba una evaluación de los cadetes por los propios cadetes y por los instructores para determinar cuáles eran los «satisfactorios» y cuáles los que planteaban problemas a la institución.

como simple: la existencia de divergencias entre la representación de nosotros mismos y las que tienen de nosotros aquellos con los que nos relacionamos.

Objeto

Según los trabajos del Ashridge Management Center (Gran Bretaña), las tres finalidades del 360° son servir de base:
— al desarrollo personal que se convierte en una prioridad respecto al rendimiento actual;
— implícitamente a la evaluación, manteniéndose como un proceso autónomo, para mejorar el rendimiento a corto y medio plazo;
— explícitamente a la evaluación y la remuneración, enfoque próximo al anterior, salvo que tiende a ser más explícita la relación entre el feedback, la evaluación y la remuneración.

Modalidades de empleo

La puesta en práctica[109] del 360° comprende cinco etapas:
1. Redacción del cuestionario, que puede contener hasta doscientos ítems, o empleo de un cuestionario estándar.
2. Respuesta al cuestionario por parte del directivo evaluado y por quienes se relacionan con él, superior, colegas y subordinados, es decir, una decena de personas.
3. Tratamiento estadístico de los datos recogidos.
4. Restitución de los resultados.
5. Definición de los planes de acción.

Observaciones

Para la empresa que desea utilizar un cuestionario adecuado el 360° puede ser la ocasión de construir la propia referencia comportamental. Ello implica, antes de la introducción de la herramienta en la empresa, el recurso a un asesoramiento externo, que ayudará a la empresa a separar lo que es competencia de lo comportamental, los valores y rasgos de personalidad.

---

109. Es más que deseable que se acompañe de una comunicación sobre las finalidades de la herramienta en el contexto de la empresa.

APLICACIÓN AL COACHING

El empleo del 360° como herramienta de desarrollo personal del directivo en el marco de una misión de coaching es una necesidad casi evidente. Por otra parte, son muchos los que recomiendan apelar a un coach para la restitución de los resultados y la definición de planes de acción en el marco del uso del 360° en el seno mismo de la empresa.

El enfoque centrado en la persona (ECP)

Origen

El enfoque centrado en la persona debe su existencia al psicoterapeuta norteamericano Carl Ransom Rogers (1902-1987). Nació de su constatación de impotencia frente a niños difíciles.[110] Al tomar conciencia de la insuficiencia de su bagaje universitario, Carl Rogers inventó el ECP apoyándose en su pragmatismo, sentido de la observación y cualidades de experimentador. El ECP es uno de los pocos enfoques psicológicos cuya validez y eficacia se han probado científicamente. Más tarde se convirtió en materia de enseñanza.

Definición

Para Carl Rogers, «cada individuo tiene unas capacidades considerables de comprenderse, de cambiar la idea que tiene de sí mismo, sus ac-

110. En el Child Study Department de la Asociación para la protección de la infancia en Rochester (estado de Nueva York), primer puesto de Carl Rogers.

titudes y su forma de conducirse; puede apelar a esos recursos siempre que se le asegure un clima de actitudes psicológicas facilitadoras que se puede determinar».

El ECP es un cuestionamiento de la doctrina psicoanalítica freudiana y de la gestión directiva de las entrevistas clínicas. Se basa en tres actitudes básicas:

— la «coherencia», que consiste para el terapeuta en estar a la escucha de uno mismo sin dejar de estar a la escucha del otro, mantenerse en contacto con los propios sentimientos y necesidades, así como ser capaz de expresarlos en el respeto del otro;

— la «mirada positiva incondicional», que exige que el terapeuta considere al otro tal como es, sin juicio ni evaluación cuando le escucha;

— la «empatía», que requiere del terapeuta que haga en sí mismo cierto vacío para dejar espacio al otro, que se centre en este último, para sentir lo que él siente.

Objeto

El enfoque centrado en la persona[111] «aspira directamente a una gran independencia y maduración del individuo, pero no espera que mejoren tales resultados si el consejero ayuda a resolver ese problema. El centro es el individuo, no el problema. El objetivo no es resolver un problema particular, sino ayudar a la persona a desarrollarse para que pueda hacer frente al actual problema y a problemas posteriores de una forma más apropiada. Si puede conseguir un desarrollo suficiente para tratar un problema de forma más independiente, más responsable, menos confusa y más organizada, tratará asimismo de la misma forma los nuevos problemas que se le presenten».

Modalidades de empleo

Más allá de la terapia, ámbito de sus comienzos, el enfoque centrado en la persona ha asistido a la ampliación de su aplicación a múltiples sectores, puesto que se trata de la comunicación y las relaciones humanas. Ello se ha producido de forma natural, dado que las nociones de patología y de normalidad están ausentes del ECP, para el cual la relación entre asesor (o terapeuta) y cliente (o paciente) es fuente de cam-

---

111. Tal como lo expresa Carl Rogers.

bio. La profesionalidad de la persona que interviene, sea quien sea, proviene de su aptitud para estar presente como persona sin protegerse detrás de un papel de especialista o de experto en psiquismo.

APLICACIÓN AL COACHING

Por su naturaleza de proceso social, el coaching está abierto al enfoque centrado en la persona, con o sin referencia explícita a este.

El diálogo interior

■ ■ ■

Origen

Dos terapeutas norteamericanos, Hal y Sidra Stone, desarrollaron el diálogo interior (en inglés *voice dialogue*).

Definición

El diálogo interior es un método de desarrollo personal basado en los conceptos: *ego consciente* y *subpersonalidades* (en inglés *aware ego* y *selves*).

El ego consciente es el elemento central de nuestra personalidad, liberado de los automatismos del ego ordinario, también denominado ego funcional. Dista de nuestras distintas maneras de ser y nos permite escoger el comportamiento apropiado sin ser esclavos de una conducta automática y condicionada.

Las subpersonalidades son los múltiples yo de que estamos constituidos. Son en nosotros varios personajes que coexisten de forma más o menos armoniosa, se oponen en ocasiones o se imponen. Para Hal y

Sidra Stone, estos yo diferentes son plenamente reales. Se expresan de forma anárquica e inconsciente y dominan nuestra propia voluntad.

El diálogo interior considera a estos yo como energías distintas, cada una de las cuales tiene una cualidad diferente que se puede sentir. Cada energía tiene uno o varios contrarios. Normalmente sólo vivimos uno de los polos, mientras que el otro permanece en la sombra.

Objeto

El diálogo interior aspira a ayudar a tomar conciencia experimentalmente de la existencia de las subpersonalidades y a desarrollar el ego consciente para liberarse de los condicionamientos personales, familiares y culturales.

Modalidades de empleo

El empleo del diálogo interior supone que el cliente o paciente esté dispuesto a aceptar la existencia de las subpersonalidades.

Con el apoyo de un «facilitador», el sujeto deja que se exprese en primer lugar un polo dominante, por ejemplo, el sumiso o el activo. El facilitador empuja a esta voz a hablar, a contar, a describir cómo percibe la vida. En la misma sesión de trabajo o en otra, un polo contrario va a aparecer a su vez y esta voz opuesta va a tomar la palabra.

El facilitador entra en sintonía con cada una de las energías y ayuda al sujeto a seleccionar para que cada voz pueda expresarse por separado. En concreto, se asigna una silla o un lugar a cada voz y el sujeto se sitúa en el lugar donde debe expresarse cada una de las voces.

Al final de la sesión, ocupa el lugar central, el del «ego de conciencia», para revisar con el facilitador el trabajo realizado. El diálogo interior llama a esta fase la de la «visión lúcida». Permite integrar y anclar la experiencia.

APLICACIÓN AL COACHING

— Toma de conciencia de la forma de funcionamiento;
— elucidación de situaciones complejas;
— ayuda a la toma de decisiones;
— orientación profesional;
— abandono de comportamientos repetitivos y bloqueadores...

El eneagrama

■ ■ ■

Origen

El eneagrama[112] designa un sistema que está constituido por nueve tipos diferentes de personalidades, simbolizado por un polígono de nueve vértices.

La historia de esta herramienta atribuye el diagrama al filósofo y matemático griego Pitágoras (600 a. de C.) y la tipología a los padres del desierto (siglo IV d. de C.).

Durante muchísimos siglos fue una enseñanza oral sufí y fue introducida, en Occidente, a comienzos del siglo XX, por el filósofo ruso Gurdjieff.

Los trabajos de uno de sus discípulos, el chileno Óscar Ichazo, y del psiquiatra Claudio Naranjo condujeron, en 1971, al eneagrama de los tipos de personalidad.

---

112. El propio término viene del griego *ennea* («nueve») y *gramma* («dibujo»), que designa una figura geométrica de nueve vértices.

Definición[113]

El eneagrama es un modelo de la estructura de la persona que apela a en particular a la noción de eje. Todo ser humano dispone de tres formas de inteligencia denominadas ejes: el eje instintivo, el eje emocional y el eje mental.

Cada uno de nosotros tiende a preferir un eje que emplea más a menudo que los demás, en particular frente a una situación nueva o frente al estrés. El eje preferido puede utilizarse de tres formas: hacia el interior, hacia el exterior o en busca de un equilibrio entre ambas modalidades. Cada tipo da preferencia a una de estas formas.

Ego y esencia

Nuestro carácter se expresa a través de comportamientos, de la formulación de ideas, de la expresión de emociones. Se modifica frente a la variedad de contextos, ante los acontecimientos que marcan nuestra vida, en función de nuestra edad. No obstante, el eje preferido y su dirección constituyen una constante que suele estar siempre presente.

Se crea un desequilibrio con la variabilidad de nuestro carácter, denominado en el eneagrama ego o falsa personalidad. Este ego se manifiesta principalmente a través de un mecanismo de evitación denominado compulsión del tipo.

Nuestra «esencia», oculta por la máscara del carácter, por el desequilibrio y el sufrimiento de nuestro ego, representa nuestra posibilidad de utilizar de forma equilibrada nuestros tres ejes.

Los tres ejes combinados con las tres formas de utilización definen las nueve energías básicas del eneagrama.

Este modelo explica en particular por qué cada uno de los tipos del eneagrama agrupa en su seno tanto a individuos poco recomendables como a modelos, a psicóticos y a personas normales...

Orientación

Representa lo que cada tipo trata de aportar al mundo sea cual sea su nivel de desarrollo en el ego o en la esencia. Esta presentación voluntariamente somera del eneagrama se resume en la tabla siguiente.

113. Fuentes: Centre d'Etudes de l'Ennéagramme e Institut Français de l'Ennéagramme.

LOS NUEVE TIPOS DE PERSONALIDAD

Tipo	Eje preferido	Uso del eje preferido	Orientación	Qué trata de evitar
8 Soy fuerte, soy justo.	**Eje instintivo** – Garantiza nuestra supervivencia física y psicológica.	Hacia el exterior: para tener impacto.	Fuerza. Coraje.	Debilidad.
9 Estoy bien, tranquilo, tengo buen carácter.	– Compara el presente con las situaciones pasadas similares y decide actuar o no. – Eje de la energía vital, de nuestros actos espontáneos, de nuestra coordinación física, de nuestra creatividad en la acción.	Hacia el interior: para tener control sobre sí mismo.	Aceptación. Apoyo.	Conflicto.
1 Soy recto, soy trabajador.		Busca el equilibrio, actúa poco.	Rigor personal, altos ideales.	Cólera.
2 Amo, ayudo.	**Eje emocional** – Se interesa por nuestros deseos, nuestras necesidades y las de los demás.	Hacia el exterior: percibe las emociones de los demás para ayudarles.	Amor.	Reconocimiento de las propias necesidades.
3 Tengo éxito, soy eficaz.	– Se preocupa de nuestras relaciones con los demás. – Vive profundamente en el instante como nuestras emociones.	Hacia el interior: atento a sus emociones, valora lo natural y la autenticidad.	Capacidad de actuar y tener éxito.	Fracaso.
4 Soy distinto, soy sensible.		Busca el equilibrio: conoce poco sus emociones reales.	Sentido de la belleza.	Banalidad.
5 Sé, entiendo.	**Eje mental** – Lugar del razonamiento, elecciones, decisiones, planes y proyectos.	Hacia el exterior: para entender el funcionamiento del mundo que le rodea.	Conocimiento, precisión.	Vacío interior.
6 Soy leal, cumplo mi deber.	– Razona por análisis y síntesis a partir de información que pretende ser objetiva.	Hacia el interior: imagina planes para crear una vida más agradable.	Lealtad.	Marginación.
7 Soy optimista, soy nervioso.	– Se orienta al futuro.	Busca el equilibrio: duda de sí mismo y de sus decisiones.	Alegría, optimismo.	Sufrimiento.

Objeto

El eneagrama tiene como objetivo el desarrollo del conocimiento y de la comprensión de uno mismo y de su propio funcionamiento. Permite asimismo progresar en el conocimiento de las personas con las que estamos en contacto, y por lo tanto mejorar nuestras relaciones interpersonales. Conocerse mejor y conocer mejor a los demás conduce al desarrollo personal, sobre todo porque el eneagrama se abre también al conocimiento de lo que podría ser y a vías de acceso favorables o desfavorables para ello.

Modalidades de empleo

Según la Asociación Internacional del Eneagrama, ningún cuestionario existente es fiable de verdad, porque esta herramienta es una tipología de las motivaciones cuyo origen suele ser inconsciente. Por otro lado, la interrogación sobre comportamientos puede conducir a respuestas erróneas en la medida en que ciertos tipos infringen, en algunos casos, las reglas.

Una reflexión sobre uno mismo durante un curso específico o un trabajo con un consultor especializado dará mejores resultados. Por otra parte, lejos de ser una varita mágica, el eneagrama exige de quien desea beneficiarse de él una integración real.

APLICACIÓN AL COACHING

La mejora del conocimiento de uno mismo y el desarrollo hallan en el coaching su aplicación. Como dice Helen Palmer,* «el eneagrama es una técnica para aprender a detectar los defectos de tu personalidad, es decir, lo que verdaderamente no eres tú. ¡No afecta en nada a tu ser profundo! Y por lo tanto no tiene nada de reductor. Al contrario, su visión es liberadora».

* Helen Palmer fue una de las pocas personas que lanzaron el eneagrama. En la actualidad, dirige en Berkeley (California) el Center for Enneagram Studies.

La línea del tiempo

■ ■ ■

Origen

La línea del tiempo deriva de la programación neurolingüística y de la hipnosis ericksoniana. Nació en los años ochenta, de los trabajos de dos maestros formadores en PNL, Tad James y Wyatt Woodsmall, que publicaron en 1988 *Time Line Therapy and the basis of personality*,[114] primer libro dedicado a este nuevo concepto.

Definición

El concepto de línea del tiempo[115] en el que se basan las técnicas desarrolladas por Tad James se refiere a la forma en que estructuramos el tiempo en nuestro inconsciente: la noción del tiempo que hemos alma-

114. Time Line Therapy es una marca registrada.
115. Mejor que una línea recta o curva, es más apropiado referirse a una representación espacial.

cenado en nuestra mente modela y estructura nuestra experiencia del mundo y, por ello, nuestra propia personalidad. Esta representación espacial individual y personal afecta tanto a nuestros recuerdos del pasado como a nuestra visión del presente o proyectos en el futuro.

Objeto

La línea del tiempo es un conjunto de técnicas destinadas a permitir a las personas adquirir el control emocional de sus vidas. Gracias a ellas, les resulta posible:

— liberarse de sus emociones negativas, como accesos de angustia, momentos de apatía, sentimiento de culpabilidad, tristeza o miedo crónico..., que impiden alcanzar la calidad de vida deseada;
— eliminar las decisiones o los juicios limitantes como «No lo conseguiré...», «Soy incapaz de...», «No soy lo bastante inteligente para...», que son otros tantos frenos para alcanzar los objetivos.

Modalidades de empleo

A través de simples entrevistas directivas, el profesional de la línea del tiempo conduce a su cliente al pasado o hacia el futuro para trabajar en sus problemas. A diferencia de ciertas terapias, no es necesario revivir experiencias dolorosas.

APLICACIÓN AL COACHING

La línea del tiempo puede utilizarse para facilitar el desarrollo personal y profesional del coachee.

El MBTI

■ ■ ■

Origen

El inventario tipológico de Myers Briggs (en inglés *Myers-Briggs Type Indicator*) fue concebido y desarrollado por dos norteamericanas, madre e hija, Katharine Briggs e Isabel Myers, a partir de 1941.

Fue editado en Estados Unidos en 1975 y validado por varios millones de casos.

Definición

El MBTI tiene su origen en la teoría de los tipos psicológicos de Carl Gustav Jung.

Este cuestionario de personalidad se basa en el siguiente concepto: las variaciones de comportamiento observadas entre los individuos no se deben al azar, sino que son consecuencia de unas preferencias espontáneas que afectan a cuatro dimensiones fundamentales, cada una de ellas caracterizada por dos polos opuestos que definen la dimensión en sí.

LAS CUATRO PREFERENCIAS DEL MBTI
(las letras mayúsculas son las empleadas en inglés, en el MBTI)

Orientación de la energía o interacción con los demás

E: extraversión Toma su energía de los demás, fuera de sí mismo.	**I:** introversión Toma la energía de su mundo interior, de ideas, de emociones y de impresiones.

Formas de percepción o percepción del mundo

S: sensación Recoge información a través de los cinco sentidos y nota lo factual.	**N:** intuición Recoge información a través de un sexto sentido y nota lo que podría ser.

Criterios de decisión o toma de decisión

T: pensamiento Organiza y estructura la información con vistas a una decisión lógica y objetiva.	**F:** sentimientos Organiza y estructura la información con vistas a una decisión tomada en función de los valores y el sentimiento.

Estilo de vida

J: juicio Lleva su vida de forma planificada y organizada.	**P:** percepción Lleva su vida de forma espontánea y flexible.

LA COMBINACIÓN DE LAS PREFERENCIAS EN ESTAS CUATRO DIMENSIONES PERMITE DEFINIR 16 FAMILIAS DE TIPOS PSICOLÓGICOS

ESTP	ESFP	ENFP	ENTP
ESTJ	ESFJ	ENFJ	ENTJ
ISTP	ISFP	INFP	INTP
ISTJ	ISFJ	INFJ	INTJ

Cada tipo se caracteriza por una dinámica que describe el desarrollo en el transcurso de la vida en torno a cuatro funciones:
— la dominante, primera por la cronología y la importancia que se le concede;

— la auxiliar, que asiste a la dominante tanto en lo que respecta a su naturaleza como a su orientación;

— la terciaria, polo opuesto de la auxiliar, que se desarrolla en la edad adulta;

— la inferior, polo opuesto de la dominante, que se desarrolla en la mitad de la vida y constituye a la vez un ámbito de fragilidad y un depósito de posibilidad.

Objeto

El MBTI favorece el autoconocimiento y el desarrollo personal: describe el funcionamiento de la personalidad, pone de manifiesto los puntos fuertes y los puntos débiles de cada perfil sin hacer juicios (no hay perfil bueno o malo).

Sus ámbitos de utilización son numerosos. Se refieren a la propia persona y a su relación con su entorno o, en general, a las relaciones interpersonales, proporcionando un lenguaje común a varias personas en el seno del mismo sistema.

Modalidades de empleo

El MBTI se presenta en forma de un cuestionario autopuntuable de 89 preguntas. Su utilización está controlada, y se reserva a personas que hayan seguido una formación específica en organismos acreditados y que hayan aprobado el examen final.

APLICACIÓN AL COACHING

El MBTI, herramienta de autoconocimiento y desarrollo personal, halla naturalmente su empleo en el coaching:
— balance personal y profesional;
— mejora de la comunicación con el entorno;
— resolución de problemas, de conflictos;
— estilo de liderazgo;
— funcionamiento del grupo.

El PAPI

■ ■ ■

Origen

El PAPI,[116] test de personalidad creado en 1970 por PA Consulting, grupo internacional de asesoramiento en recursos humanos, es el acrónimo de Perception And Preference Inventory. Está difundido en dos formas: PAPI-I y PAPI-N.[117]

Definición

El PAPI es una herramienta fiable de evaluación de la personalidad y del estilo de trabajo de las personas. A través de un cuestionario, analiza veinte dimensiones:
— diez escalas de funciones, que miden la percepción propia en la función profesional;
— diez escalas de necesidades, que miden las tendencias profundas del comportamiento.

116. Es una marca registrada.
117. «I» por ipsativo, es decir, referido a las características comportamentales propias de la persona sometida al test, y «N» por normativo.

Estas veinte escalas se agrupan en siete factores:
— dinámica de trabajo;   — conciencia profesional;
— búsqueda de resultados personales;   — sociabilidad;
— ascendencia sobre los demás;   — temperamento.
— anchura de miras;

Objeto

Los dos test existentes son complementarios:
— el PAPI-I resulta más adecuado para el desarrollo de la persona.
Permite la evaluación de las bazas profesionales y las vías de progreso, la detección de las necesidades de formación...;
— el PAPI-N permite comparar los individuos entre ellos y con respecto a una población de referencia, sobre varios factores de personalidad. Es sobre todo una herramienta de selección.

Modalidades de empleo

El PAPI-I propone 90 pares de frases en relación con la vida profesional. Delante de cada par, se pide a la persona que realiza el test que es-
coja la frase que mejor le corresponde.

El PAPI-N propone 126 preguntas. Para cada una de ellas, se le
pide que indique su nivel de consentimiento según una escala.

Se requieren unos veinte minutos para responder a uno u otro de
estos cuestionarios. Los resultados del test se transcriben en una figura
en forma de rosetón.

Observación

Después de la formación, el uso del PAPI está subordinado al pago
anual de una licencia. Los libritos de utilización están numerados y pro-
tegidos por un *copyright*.

APLICACIÓN AL COACHING

El PAPI, como otras herramientas de evaluación, halla un empleo
evidente en el coaching. Su facilidad de uso le da un interés
particular.

Process communication

■ ■ ■

Origen

La process communication halla su origen en los trabajos de Taibi Kahler, a principios de los años setenta, sobre el modelo del análisis transaccional. Mientras estudiaba en la universidad de Purdue (West Lafayette, Indiana), era interno en un hospital psiquiátrico local. Más tarde, como doctor en psicología, desarrolló su propio modelo basándose en sus observaciones de las relaciones y de la gestión de las empresas norteamericanas, entre ellas la NASA, que le utilizó para seleccionar a sus astronautas y formar equipos homogéneos. En 1977, Taibi Kahler vio sus trabajos científicos coronados por el premio Eric Berne.

Definición

La process communication es a la vez una herramienta de comunicación y un modelo de descubrimiento y de comprensión de la propia personalidad y de la de los demás.

Se basa en dos conceptos:
— es más la manera de decir las cosas que el propio contenido lo que origina con mayor frecuencia conflictos, incomprensiones, malentendidos o bloqueos;
— cada uno de nosotros tiene dos personalidades: una de base, adquirida para toda la vida, combinación de los seis tipos de personalidad que es posible identificar; y una personalidad denominada de fase, que puede evolucionar a lo largo de nuestra vida. Esta es la que mostramos en general en la vida cotidiana, mientras que frente a las contrariedades reaparece la personalidad de base.

Objeto

La process communication favorece la creación de una relación constructiva, la reducción de la presión ambiental, el desarrollo de la motivación y la liberación del deseo de crear.

Se aplica al universo de la empresa, así como al de la enseñanza, la sociología y la terapia.

El inventario de personalidad

Este cuestionario, que incluye 22 preguntas, permite definir el perfil completo de una persona:
— estructura de la personalidad;
— fase actual;
— reacciones previsibles bajo estrés ligero y severo;
— canales de comunicación preferentes;
— y finalmente, capacidad de comunicarse con los demás tipos de personalidad.

APLICACIÓN AL COACHING

La process communication es una herramienta de desarrollo personal para tomar conciencia de las cualidades, potencialidades y aptitudes que favorecen la satisfacción de las necesidades psicológicas.
Permite, asimismo, una buena gestión del estrés, la constitución de equipos eficientes y la percepción del ambiente favorable para la expresión de los colaboradores y para su eficacia.

BREVE PRESENTACIÓN DE LOS SEIS TIPOS DE PERSONALIDAD			
Tipo de personalidad:	**Es a la vez:**	**Es apreciado por:**	**Tiene tendencia, bajo estrés, a:**
Perseverante.	Concienzudo. Servicial. Creativo.	Sus cualidades de observación. Su conciencia profesional. Su sentido de la abnegación.	Detectar en otros lo que va mal. Volverse tajante. Dejar de escuchar. Imponer su punto de vista.
Rebelde.	Espontáneo. Creativo. Lúdico.	Creatividad. Sentido lúdico. Espontaneidad.	No entender. Actuar de mala fe.
Empático.	Compasivo. Cálido. Sensible.	Calor humano. Compasión. Escucha. Sensibilidad.	Minimizar. Dar prioridad al otro. Cometer errores. Provocar la hostilidad.
Maniático del trabajo.	Organizado. Responsable. Lógico.	Cualidades de organización. Lógica. Claridad. Sentido de la responsabilidad.	Detallar en exceso para ser más claro. Recuperar todo lo que se ha delegado.
Promotor.	Encantador. Adaptable. Lleno de recursos.	Comunicación directa. Sentido del elogio. Capacidad para recuperarse. Sentido de la adaptación.	Ser impaciente. Exponerse a riesgos exagerados. Manipular.
Soñador.	Tranquilo. Imaginativo. Introspectivo.	Humor homogéneo. Sentido de la observación. Multiplicación de las opciones.	Entrar en sí mismo.

La sofrología

■ ■ ■

Origen

Un neuropsiquiatra colombiano, Alfonso Caycedo, nacido en 1932, creó, en 1960, la sofrología. En aquella época trabajaba como médico interno en el departamento de neuropsiquiatría del hospital provincial de Madrid[118] y estudiaba las modificaciones de los niveles y de los estados de la conciencia, obtenidas por distintos procedimientos. Entonces se admitía que sólo existían dos estados de conciencia: el normal y el patológico. Frente al patológico, las terapias utilizadas conducían o bien al coma insulínico, o bien a una pérdida de conciencia. «Me preguntaba», escribe Caycedo, «si no podría existir un tercer estado de conciencia que, sin ser normal ni patológico, pudiese salvar al ser humano del determinismo de una vida condenada a dos únicas posibilidades. Mi respuesta fue la creación de la sofrología».[119]

118. Convertido más tarde en el museo Reina Sofía.
119. Esta palabra tiene tres raíces griegas: *sos*, que significa «intacto, sano»; *phren*, que designa toda membrana que envuelve un órgano y además, en poesía, al espíritu; y *logos*, uno de cuyos sentidos es tratado de medicina, filosofía…

La denominación «sofrología caycediana» se registró en 1988, para proteger las investigaciones, teorías y métodos. En 1992, en Barcelona, el sexto congreso europeo de psiquiatría la reconoció como profesión.

Definición

La sofrología es una escuela científica que estudia los estados modificados de la conciencia. Hunde sus raíces en las técnicas de hipnosis, así como en los materiales reunidos por Caycedo en su estudio de las diversas concepciones de la conciencia entre los místicos de Oriente.[120]

Objeto

La sofrología aporta una respuesta a quienes desean utilizar al máximo sus recursos corporales y mentales, dinamizar sus potenciales, gestionar su estrés y sus emociones.

Halla su aplicación a lo largo de toda la vida, frente a múltiples acontecimientos, en los ámbitos de la salud, del sector social, de la enseñanza y del deporte, así como de la empresa.

Modalidades de empleo

Este proceso que asocia la toma de conciencia del cuerpo y la activación de la mente se consigue mediante la relajación dinámica de Caycedo. El método de la sofrología consta de tres ciclos: fundamental, radical y existencial.[121] Cada ciclo está dividido en cuatro grados.

APLICACIÓN AL COACHING

El entrenamiento a la sofrología aporta al directivo el control de sus emociones y la eficacia en el diálogo. Su aplicación responde a necesidades como gestión del tiempo, gestión de la ansiedad, resolución de conflictos, mejora de la comunicación, movilización de las potencialidades...

---

120. Caycedo se inició en el yoga indio, el budismo tibetano y el zen japonés durante una estancia en la India, el Tíbet y Japón (1963-1964).
121. Los dos últimos ciclos completaron el primero en 1988.

Conclusión

■ ■ ■

Moda, vía de reconversión de los gurús, tabla de salvación de formadores sin alumnos, sustituto de métodos de gestión caídos en desuso...
Este fárrago de epítetos a los que el coaching, en su novedad, no ha es-
capado es la colección de imágenes ajadas de un lejano viaje.

Hoy en día, se ha iniciado el movimiento que da al coaching toda su
legitimidad. El coaching, profesión de servicio u oficio artesanal para
algunos, más que ciencia, aunque se basa en métodos comprobados,
tiene su origen, hace casi dos mil quinientos años, en el cuestionamiento de un filósofo ateniense. La mayéutica original se ha transfor-
mado progresivamente y el coaching se ha convertido, para muchos, en
una respuesta adaptada a los tiempos presentes. Su desarrollo está seguramente lejos de acabar. Los valores de superación personal de que
es portador hallarán su lugar tanto en la empresa como en la esfera personal.

La difusión de las nociones básicas sobre la realidad y el cambio, la
generalización de cursos específicos y el compromiso ético de todos sus
actores serán los fundamentos de su perennidad.

Cuarta parte

Para ir más lejos

Glosario

■ ■ ■

Análisis jungiano
Véase *Jung*.

Contratransferencia
Véase *Transferencia*.

Cuestionamiento
Método de interrogación correspondiente a la herramienta o las herramientas empleadas (análisis transaccional, programación neurolingüística) para realizar el diagnóstico.

Empatía/empático
Aptitud para ponerse en el lugar del otro y para sentir lo que este siente manteniéndose emocionalmente independiente. Esta forma de estar en la misma onda facilita la comunicación entre coach y coachee.

Escucha activa/pasiva
La escucha pasiva consiste en indicar al interlocutor la atención, el interés por lo que dice para animarle a seguir hablando, con la mirada, la

actitud, e incluso con algunos «hum», «sí», «ya»... La escucha pasiva permite crear un ambiente positivo; no obstante, a largo plazo, puede cansar a quien nos habla. Es importante pasar a la escucha activa, con la que se comunica claramente el interés que se siente.

Feedback

En cibernética, el feedback corresponde al bucle de retroacción (véase el capítulo «Los orígenes del coaching»). En el lenguaje corriente, feedback remite a la noción de retorno de información.

Jungiano

Véase *Jung*.

Mayéutica

Es el sutil arte practicado por Sócrates de alumbrar (en el sentido del término griego) las mentes. Consiste en ayudar al interlocutor a descubrir lo que sabe, aunque no tenga conciencia de ello.

Metacomunicación

El prefijo *meta-*, que significa «lo que supera, engloba», unido a la palabra *comunicación* indica la comunicación que tiene como tema la propia comunicación.

Posición meta

Se trata de una posición distanciada como la que consistiría en «estar en el balcón para verse caminar por la calle».

Proyección

Es un mecanismo de defensa a través del cual una persona percibe en otra ideas, cualidades o defectos que desconoce o se niega a ver en ella misma.

Reformulación

Es una técnica que permite conocer mejor la psicología del interlocutor. Se expresa con frases como: «¿Qué quiere saber exactamente?», «¿Qué entiende usted por...?».

Regresión

En psicología, es el retorno a una etapa anterior de desarrollo afectivo y mental. Se usa en terapia.

Sociodinámica

Modelo de nueva estrategia de relaciones sociales.

Supervisión

A diferencia del análisis de control, que hace hincapié en la idea de dirigir y dominar, la palabra *supervisión* hace referencia a una actitud no directiva inspirada en los métodos propios de la terapia de grupo (E. Roudinesco y M. Plon, *Dictionnaire de la psychanalyse*, Bayard, marzo de 1997). En el coaching, la función del supervisor consiste en particular en ayudar al coach a controlar y analizar su contratransferencia.

Transferencia/contratransferencia

En terapia, es el mecanismo por el cual el paciente traslada al terapeuta los sentimientos inconscientes de ternura o afecto (transferencia positiva), de miedo u hostilidad (transferencia negativa), que tiene respecto a otra persona. Ello le lleva a amar u odiar a su terapeuta. Frente a la transferencia, este reacciona con la contratransferencia, que alude a las emociones y los sentimientos que experimenta en retorno. Es importante que el terapeuta llegue a resolver por sí mismo esta reacción, solo o en supervisión. En psicoanálisis, la transferencia es un elemento de la cura.

Triángulo dramático

Eric Berne *(Des jeux et des hommes)* fue el primero en describir las tres funciones del salvador, perseguidor y víctima. Más tarde, Stephen Karpman tuvo la idea de situarlas en los vértices de un triángulo para explicitar la posibilidad de pasar de una función a otra.

Biografías

■ ■ ■

Bateson, Gregory (1904-1980)

En el seno de una familia de la gran burguesía intelectual inglesa, Gregory Bateson[122] fue iniciado de muy joven en las ciencias naturales por su padre. Tras unos estudios de zoología en Cambridge, se orientó en 1925 hacia la antropología «para entrar en algo en lo que yo era yo y el hijo de mi padre...».

En 1930, redactó una tesis sobre los iatmul de Nueva Guinea, donde vivió durante tres años. Regresó allí en 1932, y conoció a una antropóloga norteamericana, Margaret Mead, con quien contraería matrimonio en 1936 después de que ella se divorciase.

Su primer libro, *Naven*, publicado en 1936, denota ya su interés por la elaboración de una teoría de la cultura que fuese más allá del caso de la sociedad estudiada. En 1942, su segunda obra, escrita con Margaret Mead, *Balinese Character: a Photographic Analysis*, ofrece una

---

122. Biografía extraída de *La nouvelle communication* (Le Seuil, París, 1981), que reúne un conjunto de textos de Bateson, Birdwhistell, Goffman, Hall, Jackson, Scheflen, Sigman y Watzlawick.

visión teórica original de la cultura y de los procesos de socialización. También en este libro, Mead esboza lo que Bateson denominará quince años más tarde el *doble bind*, la «doble obligación».

El mismo año, presentó en una conferencia organizada por la Macy Foundation el concepto de feedback. A partir de 1945, participó activamente en los trabajos que debían conducir a Norbert Wiener a la teoría cibernética.

Por este camino Bateson se dedicará antes que otros a la introducción de la cibernética en las ciencias sociales. Abandonando la antropología en beneficio de la psiquiatría, escribió con el psiquiatra Jurgen Ruesch *Communication: the Social Matrix of Psychiatry,* que se publicó en 1951.

Su proyecto de elaborar una teoría de la comunicación a partir de la cibernética y de la teoría de los tipos lógicos le llevó a interesarse por la esquizofrenia. Ejerció una considerable influencia en la escuela de Palo Alto.

En 1972, la publicación de *Steps to an Ecology of Mind* reunió sus textos más importantes.

Erickson, Milton (1902-1980)

Si el calificativo «fuera de lo común» se puede aplicar a alguien, es a Erickson. Gravemente afectado durante su infancia por la poliomielitis, la medicina le predecía una muerte inminente; sin embargo, tras estudiar medicina y psicología, se convirtió en psiquiatra y, más tarde, en profesor. Rechazando la sugestión, revolucionó el enfoque tradicional de la hipnosis en su práctica. Su influencia fue considerable entre los miembros de la escuela de Palo Alto en el ámbito de las terapias breves y los enfoques paradójicos. Informal y flexible, aunque dotado de una voluntad fuerte, generoso, se apartó de todo dogmatismo. La observación de sus trabajos por parte de Grinder y Bandler supuso una importante contribución a la edificación de la programación neurolingüística.

Jackson, Don (1920-1968)

Nacido en 1920, Don Jackson falleció en enero de 1968. Por breve que fuese su vida profesional (veinticuatro años), se le reconoce como uno de los principales psiquiatras, terapeutas y profesores de su tiempo. Su contribución teórica y clínica en el ámbito de la familia y de las terapias breves fue considerable. Con Janet Beavin y Paul Watzlawick, escribió *Une logique de la communication.*

Jung, Carl Gustav (1875-1961)

De nacionalidad suiza, Jung fue interno en el hospital psiquiátrico de Zurich en 1900 tras finalizar sus estudios de medicina en Basilea. En

1905, fue nombrado profesor de la universidad de Zurich. Muy próximo a Freud, en 1910 fue el primer presidente de la Asociación Internacional de Psicoanálisis y redactor jefe de la revista de psicoanálisis más antigua, *Jarbuch*. Se opuso a Freud sobre el complejo de Edipo y la teoría de la libido, y rompió con él en 1913. En 1921, publicó su obra más importante: *Tipos psicológicos*. Las nociones de inconsciente colectivo y arquetipos constituyen la parte más original de su obra.

Korzybski, Alfred (1879-1950)

Nacido en Varsovia, Alfred Hadbank Sharbek Korzybski, ingeniero químico del instituto politécnico de esa ciudad, estudió también en Alemania y en Italia. La primera guerra mundial provocó que se instalase en Estados Unidos, donde trabajó sucesivamente como experto de artillería del ejército ruso y, más tarde, en calidad de oficial de reclutamiento para el ejército franco-polaco. En 1933, como colofón de sus numerosos años de reflexión e investigación, la publicación de su obra *Science and Sanity: an Introduction to non-Aristotelian Systems and General Semantics* difundió su concepción de la semántica general (véase el capítulo «Los orígenes del coaching»). En 1938, organizó y dirigió el Instituto de Semántica General.

Watzlawick, Paul (nacido en 1921)

Este personaje, nacido en Austria en 1921, es una de las grandes figuras del Mental Research Institut de Palo Alto (véase el capítulo «Los orígenes del coaching»). Tras finalizar los estudios de filosofía y lenguas modernas, llevó a cabo una formación de analista en el Instituto Jung de Zurich. Después de tres años de enseñanza en San Salvador, comenzó, en 1960, a colaborar con el Mental Research Institut. Pensador reconocido en el ámbito de las ciencias humanas, es autor o coautor de quince libros, entre ellos el famosísimo *Teoría de la comunicación humana*, publicado en 1967 en Estados Unidos con el título *Pragmatics of Human Communication*, brillante aplicación de los modelos lógicos y cibernéticos al comportamiento humano.

Bibliografía

■ ■ ■

Para saber más sobre el 360°

HANDY, L., M. DEVINE y L. HEATH, *Le 360°: un outil pour développer les managers*, Insep Editions, París, 2000.

LÉVY-LEBOYER, C., *Feedback de 360°*, Edicions Gestió 2000 S.A., Barcelona, 2000.

Para saber más sobre el enfoque centrado en la persona (ECP)

BARCELÓ ROSSELLÓ, Bertomeu, *Crecer en grupo: una aproximación desde el enfoque centrado en la persona*, Editorial Desclée de Brouwer, S. A., Bilbao, 2003.

RANSOM ROGERS, Carl, *Le développement de la personne*, Dunod, París, 1998.

— *La relation d'aide et la psychothérapie*, ESF, París, 1999.

Para saber más sobre el diálogo interior

HAL & SIDRA STONE, *Le dialogue intérieur*, vol. 1 *(Connaître et intégrer nos subpersonnalités)* y vol. 2 *(Les relations source de croissance)*, Le souffle d'or, Barret-sur-Méouge, 1975 y 1991.

Para saber más sobre el eneagrama

CHABREUIL, Fabien y Patricia, *L'Ennéagramme*, Carthame, Fillinges, 1998.

PALMER, Helen, *El eneagrama*, La liebre de marzo, Barcelona, 2001.

— *El eneagrama en el amor y en el trabajo: cómo comprender y facilitar tus relaciones personales y laborales*, Ediciones Neo-Person, S. L., Móstoles, 2003.

SALMON, Éric, *Eneagrama*, Gaia Ediciones, Móstoles, 2000.

VV. AA., *El eneagrama*, Editorial De Vecchi, Barcelona, 1996.

www.enneagramme.net

www.enneagramme.com

Para saber más sobre el MBTI

CAUVIN, Pierre y Geneviève CAILLOUX, *Sé tú mismo: de la tipología de Jung al MBTI*, Ediciones Mensajero S.A.U., Bilbao, 1997.

— *Tipos de personalidad*, Ediciones Mensajero S.A.U., Bilbao, 2000.

KREBS HIRSCH, Sandra y Jean M. KUMMEROW, *Los tipos MBTI en las organizaciones*, TEA Ediciones S. A., Madrid, 1998.

MYERS, Isabel Briggs, *MBTI: inventario tipológico, forma G*, TEA Ediciones, S. A., Madrid, 1992.

Para saber más sobre el PAPI

www.cubiks.com

Para saber más sobre la process communication

COLLIGNON, G., *Comment leur dire... La Process Communication*, Dunod, París, 1999.

KAHLER, Taibi, *Manager en personne: percez le mystère du dismanagement*, Interéditions, París, 1989.

www.processcom.com

Para saber más sobre la sofrología

HUBERT, Jean, *Sofrología*, Gaia Ediciones, Móstoles, 2000.

IMBERT, Claude y Natividad TORRES, *La nueva sofrología: guía práctica para todos*, Editorial Desclée de Brouwer, S. A., Bilbao, 2002.

PAYEN DE LA GARANDERIE, Agnès, *La sophrologie autrement*, Marabout, París, 1997.

XXXII congreso de la Sociedad Francesa de Sofrología, *La sophrologie face aux difficultés de la vie*, L'Harmattan, París, 1999.

www.sophrologie.com

www.sophro.com

Direcciones útiles

■ ■ ■

COACHS

Jean-Marie Becq
Captonic
7 rue Saint-Michel
78430 Louveciennes
Tel.: 01 30 82 02 98
Fax: 01 30 82 09 13

Francis Binoche
Garon Bonvalot
11 bis rue d'Aguesseau
75008 París
Tel.: 01 55 27 15 39
Fax: 01 55 27 15 35
Correo electrónico:
fbinoche@garon-bonvalot.fr

Pierre Blanc-Sahnoun
34 boulevard Haussmann
75009 París
Tel.: 01 48 01 48 20
Fax: 01 45 23 18 30
Correo electrónico:
pbsh@free.fr

Lynne Burney
LKB Associates
3 parc de Lattre de Tassigny
92400 Courbevoie
Tel.: 01 49 05 46 31
Fax: 01 43 34 09 42
Correo electrónico: LKB@wanadoo.fr

Catherine Caillard
Catherine Caillart consultants
10 rue de Presbourg
75116 París
Tel./fax: 01 42 24 12 84
Correo electrónico:
catcail@club-internet.fr

Danièle Darmouni
International Mozaïk
14 bis rue de Milan
75009 París
Tel.: 01 53 20 11 94
Fax: 01 53 20 09 65
Correo electrónico:
mt.mozaik@wanadoo.fr

Olivier Devillard
Ifod
70 rue de Javelot
75013 París
Tel.: 01 45 86 29 75
Fax: 03 44 46 26 58
Correo electrónico:
olivier.devillard@wanadoo.fr

Sylvie de Frémicourt
Altedia ressources humaines
5 rue de Milan
75319 París Cedex 09
Tel.: 01 44 91 55 00
Correo electrónico:
sdefremicourt@altedia.fr

Francis Girard
Leroy Consultants
16 rue Vivienne
75002 París
Tel.: 01 55 35 71 73
Fax: 01 55 35 76 73
Correo electrónico:
fgirard@groupe-bpi.com

Bernard Hévin
Le Dôjô
2 square Vermenouze, 75005 París
Tel.: 01 43 36 51 32
Fax: 01 43 36 12 21
Correo electrónico:
contact@le-dojo.com

Bertrand Lecœur/Anny Lelièvre du
Broeuille/Bruno Boulanger
Synapsis
32 rue de Caumartin
75009 París
Tel.: 01 44 56 90 00
Fax: 01 44 56 90 01
Correo electrónico:
synapsis@synapsis.fr

Vincent Lenhardt
Transformance
90 rue Anatole France
92300 Levallois-Perret
Tel.: 01 47 48 18 19
Fax: 01 47 57 19 99
Correo electrónico:
vlenhardt@transformance.fr

Nelly Michelin
Institut du coaching
20 rue d'Armenonville
92200 Neuilly-sur-seine
Tel.: 01 46 24 54 37
Fax: 01 47 22 69 19
Correo electrónico:
coachnelly@aol.com

Yves Moreau
France Com
10 rue du Débarcadère
75852 París Cedex 17
Tel.: 01 45 74 07 00
Fax:. 01 45 74 18 17
Correo electrónico: franceco@aol.com

Hubert Nègre
Alexandre Tic
BP 206
75364 París Cedex 08
Tel.: 01 42 94 62 62
Fax: 01 42 94 62 65
Correo electrónico:
hubert.negre@alexandretic.com

Vincent Piazzini
Mediator International
14 rue de Marignan
75008 París
Tel.: 01 56 59 19 70
Fax: 01 56 59 19 79
Correo electrónico:
vpiazzini@mediatorint.com

ESCUELAS DE COACHING

Coach and Team +
Transformance
90 rue Anatole France
92300 Levallois-Perret
Tel.: 01 47 48 18 19
Fax: 01 47 57 19 99
Correo electrónico:
secretariat@transformance.fr
www.transformance.fr

Le DôJô
2 square Vermenouze
75005 París
Tel.: 01 43 36 51 32
Correo electrónico:
contact@le-dojo.com
www.le-dojo.com

International Mosaïk, l'école du
devenir
14 bis rue de Milan
75009 París
Tel.: 01 53 20 11 94
Fax: 01 53 20 09 65
Correo electrónico:
mt.mozaik@wanadoo.fr
www.mozaik.fr

Ifod
25 rue de Ponthieu
75008 París
Tel.: 01 45 86 29 75
Correo electrónico: ifod@wanadoo.fr
www.coaching-ifod.com

Pierre Blanc-Sahnoun
34 boulevard Haussmann
75009 París
Tel.: 01 48 01 48 20
Fax: 01 45 23 18 30
Correo electrónico: pbsh@free.fr

Mediator International
14 rue de Marignan
75008 París
Tel.: 01 56 59 19 70
Fax: 01 56 59 19 79

Ifas
5 rue Kepler
75116 París
Tel.: 01 53 23 05 20
Fax: 01 53 23 05 21
Correo electrónico:
lsifas@club-internet.fr
www.ifas.net

ORGANISMOS PROFESIONALES

Syntec, conseils en évolution
professionnelle
3 rue Léon Bonnat
75016 París
Tel.: 01 44 30 49 20
Correo electrónico:
SyntecEvolProf@aol.com

Altedia ressources humaines
5 rue de Milan
75319 París Cedex 09
Tel.: 01 44 91 55 40
Fax 01 44 91 50 11
www.altedia.fr
Correo electrónico:
rmvanlerberghe@altedia.fr

Coachville Spain
Formador de formadores acreditados
para impartir coaching en empresas
Apdo. correos 37
08870 Sitges (Barcelona)
Tel.: 93 347 55 59

NEIT Seminars
Correo electrónico:
info@tonysaction.com

Grupo Coaching Corporation
Francisco Giralte 2
28002 Madrid
Tel.: 91 411 28 11
Fax: 91 561 56 26
Avda. Diagonal, 468, 6.º A
08006 Barcelona
Tel.: 902 36 35 05
Fax: 93 415 98 97

Asociación Española de Análisis
Transaccional (AESPAT)
Recoletos, 11, 2.º D
28001 Madrid